提升你的沟通技能

[第六版]

[英] 艾伦·巴克（Alan Barker） 著

邵信芳 译

IMPROVE YOUR COMMUNICATION SKILLS

How to build trust,
be heard and communicate with confidence

图书在版编目（CIP）数据

提升你的沟通技能：第六版/（英）艾伦·巴克著；邵信芳译. -- 北京：中信出版社, 2023.12
（创造成功经典系列）
书名原文：Improve Your Communication Skills（Creating Success）
ISBN 978-7-5217-5923-5

Ⅰ.①提… Ⅱ.①艾… ②邵… Ⅲ.①心理交往-通俗读物 Ⅳ.① C912.11-49

中国国家版本馆 CIP 数据核字 (2023) 第 158663 号

Improve Your Communication Skills by Alan Barker
Copyright © Alan Barker, 2000, 2006, 2013, 2016, 2019, 2022
'This Translations of Improve Your Communication Skills is published by arrangement with Kogan Page.'
Simplified Chinese translation copyright ©2023 by CITIC Press Corporation
ALL RIGHTS RESERVED
本书仅限中国大陆地区发行销售

提升你的沟通技能［第六版］

著者：　　［英］艾伦·巴克
译者：　　邵信芳
出版发行：中信出版集团股份有限公司
　　　　　（北京市朝阳区东三环北路 27 号嘉铭中心　邮编 100020）
承印者：　北京通州皇家印刷厂

开本：880mm×1230mm　1/32　印张：6.5　　　字数：91 千字
版次：2023 年 12 月第 1 版　　　印次：2023 年 12 月第 1 次印刷
京权图字：01-2023-4867　　　　书号：ISBN 978-7-5217-5923-5
定价：48.00 元

版权所有·侵权必究
如有印刷、装订问题，本公司负责调换。
服务热线：400-600-8099
投稿邮箱：author@citicpub.com

目 录
〔CONTENTS〕

第一章 究竟什么是沟通 / 001

沟通的传输模型 / 004

模式匹配：揭开理解的奥秘 / 007

沟通：一种崭新的定义 / 012

对话：沟通的货币 / 013

第二章 你了解自己的沟通风格吗 / 015

沟通风格问卷调查 / 017

看清你的沟通画像 / 021

四种沟通风格 / 024

理解他人的沟通风格 / 028

肢体语言：非语言交流的密码 / 029

让你的沟通更灵活 / 032

让对话发挥最大的用途 / 034

第三章 改善对话的七个方法 / 037

明确目标 / 040

理清思路 / 041

管理时间 / 049

寻求共识 / 051

超越争议 / 052

经常总结 / 056

善用视觉元素 / 057

第四章 询问的技巧 / 063

表现出你的重视 / 066

切忌自视过高 / 070

让气氛轻松起来 / 071

不要吝啬你的鼓励 / 072

只问高质量的问题 / 074

避免信息轰炸 / 077

给予积极反馈 / 078

第五章 说服的诀窍 / 085

性格、逻辑和激情 / 088

有什么了不起的想法 / 094

有逻辑地排列想法 / 095

表达你的想法 / 097

记住你的想法 / 100

有效呈现 / 101

第六章　故事及叙事技巧的运用 / 105

什么是故事 / 108

故事怎样起作用 / 111

如何讲好一个故事 / 112

叙事在解释中的奇效 / 120

好的叙事等同于说服 / 121

第七章　从容应对公开演讲 / 127

准备阶段注意事项 / 132

系统管理演讲材料 / 133

怎样让听众对你言听计从 / 146

舞台上的自我观照 / 148

如何高水准地回答问题 / 149

第八章　把灵感变成佳作 / 151

像读者一样思考 / 154

给阅读减负 / 158

句子如何运作 / 161

让你的写作生动起来 / 165

第九章 从话不投机到相谈甚欢 / 173

六种话不投机的对话场景 / 175

是什么让对话如此艰难 / 176

艰难的对话又是如何变得更艰难 / 180

改善话不投机的三个步骤 / 182

附录 我们要去哪里 / 193

第一章

究竟什么是沟通

人类是沟通的物种。当然，我们并非绝无仅有的沟通物种，因为每一种生物都以这样或那样的方式发送信息，以帮助自己操控赖以生存的环境，或者吸引其他生物。动作、声音、气味，甚至一朵花的形状和颜色，都在向倾心于它的昆虫或鸟类传递有用的信息。

但人类似乎已经发展出某些类型的交流，其复杂程度实属罕见。人类对口头语言的掌控能力极高，识别面部表情、语调和手势的能力也毫不逊色。

事实上，对大多数人来说，沟通是如此自然而然的一件事，以至于我们有时很难理解这能有什么问题，尤其是在工作中。为什么一项对大多数人来说毫不费力的技能，在一个组织中运行会变得如此费力？

让我们先来思考一下"沟通"这个词的含义。

> **练 习**
>
> 用不超过12个单词组这个句子：
>
> 沟通是……
>
> 询问一些同事的看法，并将其和你自己的想法比较一下。
>
> 这些定义能覆盖所有形式的沟通吗？能定义有效沟通吗？
>
> 是什么导致沟通无效？你们的定义能达成共识吗？

沟通的传输模型

19世纪，"传输"一词主要是指货物和人员的流动。当然，我们现在仍然这样使用这个词，比如公路和铁路就是传输的形式，就像说话或写作一样。

现如今，我们仍然使用产业化的比喻进行交流。信息，就像货物一样，需要存储、传输和取回。我们经常使用"通道"一词来描述信息的移动，即信息沿着"通道"传输。

20世纪，交通方面的比喻很容易适用于新的电子技术，比如我们有了"电话线"和"电视频道"。电子信息以"比特"为单位，存储在"文件"或"库"中。"下载"和"上传"所引用的是货运方面的比喻，电子邮件与邮政用语的关系也如出一辙。

所以，在刚才的练习中，如果你把沟通定义为"信息的有效传输"，那就不足为奇了。我们"有"一个想法（就好像这个想法是一个物体），之后"把想法用文字表达出来"（就像把它装进盒子里），然后试着"让自己的想法被对方接收"（通过"运输来传送"它），而"接收者"有可能"理解"了这个想法。我们需要在接收者完全"领会"之前，"拆解"这个想法。当然，我们需要小心，以避免"信息超载"。

这就是沟通的传输模型，其影响力非常大。它掌握着我们在组织中进行沟通的所有流程和策略。这个模型表明，信息是客观的且可测量的（我们传输了多少比特的信息？）。最重要的是，这个模型很简单：我们可以画一张图或表来说明它。

优化传输模型

那么，传输模型会出现什么问题呢？首先，它似乎并没有反映出人们实际的交流方式。

> **威的沟通法则**
>
> 芬兰教授奥斯莫·威（Osmo Wii）提出了企业沟通法则。这些法则以惊人的准确性指出了传输模型的种种失误，尤其是在组织中。
>
> - 除了例外情况，沟通通常会失败。
> - 沟通如果能失败，就一定会失败。
> - 如果沟通不能失败，那么它通常还是会失败。

- 如果沟通看上去以你想要的方式成功了，那么你一定误解了某人。
- 如果你满足于你的信息，那么沟通肯定是失败的。
- 如果一条信息可以用几种方式解释，那么它将以一种使损害最大化的方式被解释。
- 总会有人比你更清楚你的信息究竟意味着什么。
- 沟通得越多，就越失败。

用传输来比喻沟通，可能是不准确的。毕竟，信息并不真的像包裹。当我寄包裹的时候，它已经不在我手中了，相反，当我发送一条信息时，我仍然拥有它。

然而，传输模型不能准确描述沟通，还有一个更为严重的原因。

这个模型指向了错误的方向。

沟通不是始于传输，而是始于理解，这是第一点，也是最为重要的一点。无论我如何有效地传递信息，如果你不理解它，那么它就无法让你接收到。要想提高自己的沟通技巧，不如从关注人们如何理解信息和思想开始，而不是如何传递信息和思想。

模式匹配：揭开理解的奥秘

那么，我们是如何理解的呢？简单来说，是通过模式匹配。人脑的心智模型会对我们通过五种感官接收到的信息进行过滤，并赋予其意义。

这里有一个非常简单的例子，请看图1-1。

图 1-1　卡尼萨（Kanizsa）三角形

你能看到什么？可能是一个白色三角形。当然，就算没有白色三角形，你的大脑也已经将可用的信息与它储存的心智模型进行了匹配，并得出一个白色三角形的最佳猜测［这个三角形是以意大利心理学家、艺术家、里雅斯特心理学研究所的创始人盖塔诺·卡尼萨（Gaetano Kanizsa）的名字命名的］。

这种填补空白的过程被科学家称为"知觉完成"，而且它并不局限于视觉信息。在一个拥挤的房间里，我怎样才能把你的声音从所有噪声中分辨出来呢？一种味道如何唤起童年的记忆？一种气味怎么让我们想起我们所爱的人？我们的大脑会将信息与一种心智模型进行匹配，并"完成"这种模式。斯蒂芬·杰伊·古尔德（Stephen Jay Gould）提出过一个著名的说法："大脑基本上是一台寻找模式的机器。"

人脑的心智模型使我们能够理解世界。事实上，它为我们创造了世界。正如乔·格里芬（Joe Griffin）和伊万·泰里尔（Ivan Tyrrell）在他们的《人类天赋》(*Human Givens*) 一书中解释的那样，"没有心智模型，世界将不再为我们而存在。心智模型组建了一切现实"。

互相了解

模式匹配并不局限于三角形、乐曲和香水。每当我们遇到另一个人时，模式匹配都会进行，并试图通过已经形成的心智模型来理解我们。这些模型比白色三角形更复杂、更多样，但是模式匹配的过程是一样的。这个过程一直在发生，即使我们并没有试图交流。只要有人在观察我们就行了。

人类离不开沟通。或者说，套用马歇尔·麦克卢汉（Marshall McLuhan）的话，我们对他人的影响取决于都沟通了什么。

重要提示

在开始一场交谈的时候，我们要试着问自己一个问题："我产生了什么影响？"然后再问自己："什么样的效果是我想要的？"

模式匹配从来不是有来无往的单向过程。就像别人试图理解我们一样，我们也通过模式匹配来试图理解他们。每个人都在注意对方的言语、表情和行为，并对接收到的信息做出最佳猜测。我们如果想让这个过程持续下去，就会努力让彼此的模式成功匹配。

于是，我们之间开始了一场微妙的共舞，我们称之为对话的注意力和行动在徐缓地交换着。我们开始模仿对方的姿态和手势，我们的声调、节奏、语速和音高开始成功匹配。我们甚至会开始预测对方接下来要说什么，互相完成对方的表达。

建立融洽的关系

这种相互理解的实现过程，通常被称为"建立融洽的关系"。我们不用铁路或快递员的意象来描述这一过程，也不谈论信息传输。相反，我们可以使用音乐的语言。你可能会觉得我的波长和你的是一样的，我可能会觉得我们很"合拍"。也许，我们会感受到"一种和谐的感觉"，好像"我们在唱同一首歌"。融洽是人类交流中最大的乐趣之一，如果没有它，那么人们会感到不舒服，感到失望。

大多数融洽关系都是自发产生的，但也可以刻意营造出来。融洽关系如果是刻意营造的，就不仅仅是一种愉快的体验，而变成一种沟通技巧。

为了培养建立融洽关系的能力，我们需要思考以下三点：

- 视觉行为。
- 听觉行为。
- 语言行为。

在绝大多数情况下，人们都相信眼见为实。如果一个人说的和他的行为不一致，那么人们一定会相信他的行为。因此，一个人想要刻意营造出融洽的关系，必须先表现出让人看得出来的热情、松弛和开放的态度。这种视觉上的融洽还显现在人们的姿态、与他人的位置关系，甚至着装等外在表现上。

声音的协调可以建立听觉上的融洽关系。人们可以调整自己的音（声调的高低）、语速（说话的速度）和音量（说话声音的大小）。如果一个人在这三个要素中的任何一个方面都与对方不协调，他们就会感到不舒服。

> **重要提示**
>
> 好好想一想如何提高自己的发声技巧。你可以考虑加入国际演讲协会来练习公开演讲，参加合唱团给自己的嗓音和社交技能带来奇迹般的变化。

语言上的融洽可以通过说话来建立。对方如果觉得我们在使用他们的语言进行沟通，就会觉得和我们在一起更舒服，也更愿意继续对话。我们要注意别人交谈时的用词，然后试着自己也这样用。

大多数人都知道"难以开口"是一种什么样的感觉。在社交活动、开会或绩效评价等场合，如何与不太熟悉的人交谈？

提问题是破解之道。你可以根据当时你们共同的处境，来寻找一些可以谈论的事情，并问一个与之相关的问题。你不要谈论自己，也不要问太直接的问题，以避免冒昧和唐突。你可以主动一些，缓和气氛以让对方放松，这样你自己也会很快放松下来。

练 习

有一个简单的方法可以帮你和不认识的人建立融洽的关系，建议你在员工餐厅、聚会和会议上尝试运用一下。

1. 模仿对方的肢体语言，以形成"镜像"。

2. 问三个问题（不要超过三个），直到你完成接下来的两件事。

3. 从你刚刚了解到的信息中，找到一些可以让你委婉地赞美对方的东西。

4. 在你发现的东西中，找到你认同的部分。

5. 重复步骤1到步骤4，直到对话有了自己的生命力。

感谢克里斯·戴斯（Chris Dyas）

沟通：一种崭新的定义

我们需要重新定义"沟通"这个词，因为传输模型并不能充分描述从沟通的模式匹配、建立融洽关系到交谈的细微差别这一整个复杂的过程。

要给"沟通"下一个合理的新定义，我们需要追溯一下这个词的历史。"communication"一词来源于拉丁语"communis"，意为"共享"。它属于包括交融（communion）、共产主义（communism）和共同体（community）在内的词汇家族。

> **重要提示**
>
> 沟通是创造共同理解的过程。

人们通过各种方式来实现共同理解，比如电话交谈、召开视频会议、花几个小时制作介绍企业的幻灯片，还有写电子邮件、短信、报告、网页和博客等。

然而，沟通也不总是那么正式，比如闲聊、讲笑话。也许最重要的是，大家都会给对方讲故事。所有这些活动都能创造融洽的关系，建立合作，产生共同的理解，这通常比组织中更正式的沟通渠道要有效得多。

对话：沟通的货币

对话直到今天仍然是人类沟通的基本单位。

人们通过对话来建立关系，理解现实世界，并影响彼此的思想、感受和行动。人们还能通过交谈解决问题，建立合作并寻找新的行动目标。对话是我们想象和创造未来的方式。

每一次对话都是一个表达和倾听的动态过程。对话使用语言——文字，当然，还有刚才提到的其他形式的语言，比如手势及眼神交流等视觉语言、用声音的音乐性传达出来的听觉语言。

我们可以把对话想象成一种舞蹈。"conversation"一词来源于拉丁语，意为"与……一起走动"。不同类型的对话，就像不同种类的舞蹈一样，具有不同的规则。

> **练 习**
>
> 回想一下我们用哪些词汇来描述不同类型的对话，把其中一些写下来。它们有什么不同？你能找出适用于每一个词的规则吗？
>
> 例如，你可能会想到"chat"和"discussion"，这两个词有什么区别？聊天和讨论遵循不同的规则吗？
>
> 你还能想出其他的词来描述不同类型的对话吗？

随着对话的发展，听和说的技能变成更广泛、更深入的询问、说服、解释和讲故事的能力。在本书的第四章、第五章和第六章，我们将深入探讨这四种能力。人们以差异化的方式来平衡这些能力，而这些差异催生人与人之间不同的沟通风格，我们将在下一章探讨这些风格。

本章总结

- 沟通始于理解，而不是传输。
- 理解是一个模式匹配的过程。
- 有时，我们必须填补空白来完成模式匹配。
- 在任何对话中，问一问自己"我产生了什么影响"，就可以开启一段融洽的关系。
- 我们可以有意识地建立融洽的关系，通过管理：视觉行为、听觉行为、语言行为。
- 沟通是创造共同理解的过程。
- 对话是人们沟通的主要工具。

| 第二章 |

你了解自己的沟通风格吗

人与人之间的沟通风格各异。这可能会引发很多问题。经济学人智库（the Economist Intelligence Unit）2017年的调查结果显示，不同沟通风格的冲突是导致职场沟通不畅最常见的原因。用调查者的话来说："管理者需要根据周围人的情况来调整他们的沟通风格，这样才能产生沟通效果。"

在这一章，我们来看一看不同的沟通风格。我们将会发现自己喜欢的一种或多种沟通风格，并学习如何评估他人的喜好。最重要的是，我们将学会如何调整自己的沟通风格，使自己在不同的情境中都能如鱼得水。

沟通风格问卷调查

看看这个短语列表，判断一下哪一个最适合描述你的沟通风格，然后圈出旁边的字母。你可以根据自己的意愿，任意标记多个或少数几个短语。

喜欢掌控一切　　　f

偏向基于大量细节做出决策　　　a

自发地表达想法，有时缺乏思考　　　e

当被要求做某事时，很难说"不"　　　s

利索且有条理　　　a

喜欢坚定的决策和明确的行动　　　f

愿意成为团队合作者　　　s

热衷于谈论"大局"　　　e

寻求公开认可和赞扬　　　e

厌恶不作为　　　f

善于向他人咨询　　　s

根据统计数字形成想法　　　a

需要最大的自由度来管理自我及他人　　　f

熟悉解决问题所需数据的来源　　　a

善于获得他人的支持　　　s

了解并运用相关规则　　　f

行事按部就班　　　a

对别人的感受、态度和建议缺乏耐心　　　f

寻求可行的妥协方案　　　s

鼓舞和激励他人　　　e

决策及行事谨慎　　　a

擅长展示和演讲　　　e

技术娴熟　　　f

设定目标时需要他人支持　　　s

厌烦说得多而做得少　　　f

提前准备和研究　　　a

分解流程并解释每个步骤　　　f

用统计数据和证据来证明论点　　　a

喜欢激励他人　　　e

喜欢保持局面平稳　　　s

善于寻找切实可行的解决方案　　　f

善于打破僵局及开展社交　　　s

拥有梦想并激励他人拥有梦想　　　e

分解信息以便理解　　　a

喜欢做决策　　　f

拥抱多元化和变化　　　e

对他人的感受敏感　　　s

寻找做某事的正确方法　　　f

更愿意独立解决问题　　　a

寻求安全感和归属感　　　s

喜欢被要求去寻找答案　　　f

拒绝相信缺乏事实依据的观点　　　a

肾上腺素分泌旺盛　　　e

善于识人　　s

厌恶浪费时间　　　f

最佳思考源自与他人进行讨论　　　e

解决问题需要概念框架　　　a

厌恶冲突　　s

你现在数一数每个字母圈了几次，得分就是圈那个字母的总次数。例如，如果字母"f"圈了 6 次，那么你在"f"上的得分是 6 分。

记下每个字母的分数。

s：

a：

f：

e：

现在将得分转移到图 2-1。在对角线上标出分数，其中"s"代表"社交型"，"a"代表"分析型"，"f"代表"功能型"，"e"代表"表现型"。较低的分数位于图的中心，较高的分数位于边缘。

用直线将已经标记的四个点连接起来，形成一个四边形。突出标记这个四边形，这样你就能清楚地看到自己的沟通风格。

图 2-1　沟通风格画像

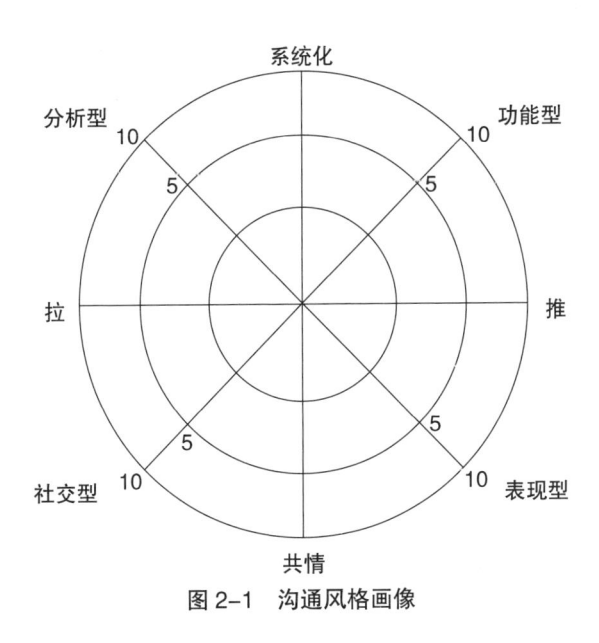

看清你的沟通画像

沟通画像的建立基于两组互补的行为。它们共同构成了一幅有用的图景，展示了我们偏爱的与他人沟通的方式。

推和拉：管理状态

第一对互补行为表现出我们在对话中的关系。

我们可以用地位的概念来模拟这种关系。地位是我们相对于对方的位置，这简单得近乎残酷：根据定义，我们的地位只能高于或低于交流对象。我们可以把地位想象成跷跷板：如果我们提高自己的地位，那么对方的地位会自动下降；如果我们提高了对方的地位，那么我们这一边会自动低下去。我们可以把前一章讲过的融洽关系看作对等的地位。

提升自己的地位可以简化表达为"推"。"推"的核心行为是说话。"推"的例子，由弱到强，可能包括发表声明、说服、讨价还价、批评、指示、援引规则、要求或下达命令。当然，"推"还包括使用武力。

相反，提高对方地位的捷径是"拉"，而"拉"的核心行为是倾听。"拉"的例子由弱到强，可能包括提一个问题、探索一种想法、鼓励、赞扬、让步或服从。

"推"和"拉"共处于一个光谱。大多数对话都是两者的结合，因为对话同时包括说和听。多数人都能做到这两件事，而且可以发展这两种技能。但大多数人会倾向于偏爱其中一种：简单来说，要么倾向于说，要么倾向于听。

共情和系统化

第二对互补行为显示出我们喜欢如何理解周围的世界。

前一章讲到，理解主要涉及模式匹配。我们试图将过去的经历与头脑中已经形成的心智模型进行匹配。心智模型截然不同的两个人，不得不付出更多的努力才能理解彼此。经济学人智库报告中提及的"沟通风格的冲突"，也是一种心智模型的冲突。

共情和系统化是模式匹配的两种类型，它们代表了以两种不同的方式看待世界。

共情驱动着人们去认清他人的情绪和想法，并以适当的行为做出回应。它源于一种关心他人的天然愿望，以及对他人如何看待我们意识的了解。当我们察觉到某人的情绪发生变化时，我们会感同身受，并想知道其中的原因。同理心能帮助人们了解他人的世界，与他人的心智模型相匹配，并阻止我们冒犯、侮辱或伤害他人。同理心始于这样一种认知：我们看待世界的方式可能并不是唯一的，并且其他人的心智模型，比如他们的思想、感受和价值观，和我们的一样重要。

重要提示

想一想某个你很难共情的人。你能找出你们看待世界的不同方式吗？如果你能找到这个人似乎拥有的某种特定的心智模型，那么你能不能想象自己拥有同样的心智模型？你对世界的看法会产生什么样的变化？

系统化通过构建各种系统来理解我们所处的环境。系统是根据"如果—那么"的规则，操作输入并交付输出的各种元素的集合。如果下雨了，花园里的池塘就会水满。如果我按一下开关，灯就会亮起来。我如果根据十进制加法规则把 2 和 3 相加，就会得到 5。如果海水水温上升到一定的温度，珊瑚礁就会死亡。

系统化旨在理解事物是如何运作的，特别是管理它们如何运作的那些规则。系统化最大的优势在于，它便于人们预测一个系统将如何运行，从而对所处的环境进行掌控。

系统有各种类型和规模。根据西蒙·拜伦 – 科恩（Simon Baron-Cohen）的说法，我们（至少）可以提炼出六种类型的系统：技术的（任何类型的机器）、自然的（有机体、池塘、森林）、抽象的（语言、计算机代码）、社会的（团队、公司、家庭）、有组织的（百科全书、图书馆）和机动的（演奏乐器、游泳）。

就像"推"和"拉"在一个光谱上一样，共情和系统化也是互补的两个过程。我们所有人或大多数人，都是既能共情，又能系统化的。然而人们倾向于选择其中之一，而这种偏好会影响沟通风格。

四种沟通风格

如果把两种行为谱系——"推"或"拉"、共情或系统化两两结合起来，就可以创造出四种常见的沟通风格：社交型、分析型、功能型和表现型（英文首字母的缩写词 SAFE 可以帮助你记住它们）。大多数人对其中一两种风格的喜爱甚于其他。确定自己喜欢的风格会帮助你将技能扩展到其他风格上，从而成为一个更有能力的沟通者。

有一点需要提醒，此处讨论的是风格，而不是讨论你是什么样的人。就像我们喜欢以特定的方式着装一样，我们也喜欢用特定的风格进行交流。此外，也正如我们可以选择不同的着装一样，我们也可以选择不同的交流方式。在某些情况下，大多数人都能很容易地改变自己的沟通方式。比如，我们在葬礼和生日派对上的表现截然不同，就像我们可能会穿着不同一样。以这种方式改变我们的行为，就是经济学人智库报告（采用了服装的比喻）所说的"裁剪"自己的沟通风格。你可能无法改变自己的性格，但你可以选择不同的行为方式。

社交型：与他人建立联系（拉、共情）

社交型沟通风格的人重视理解他人，以便改善与对方的关系。我们使用这种沟通风格来体察他人的想法和感受。这种风格强调倾听胜于表达，强调提问胜于陈述。当我们用这种风格发表言论时，使用的是公开表达情感并与他人建立联系的语言。

社交型沟通风格是外交家的特点。当你表现出这种风格时，人们会把你视为团队合作者、共识建造者以及和平缔造者。事实上，这种沟通风格的人厌恶冲突，可能无法轻松应对个人所面对的批评。批评可能来自其他沟通风格的人，例如分析型沟通风格的人可能会反感社交型沟通风格的人所使用的"多愁善感"法。在压力之下，社交型沟通风格的人可能会变得失望和恼怒。

分析型：注重研究（拉、系统化）

分析型沟通风格的人旨在更好地理解环境，以这种方式来领会世间万物如何运行。这种沟通风格的人喜欢数据、数字及其组织系统，他们可能会对那些不能用确凿的证据支持自己观点的人颇有微词。和社交型沟通风格的人一样，分析型沟通风格的人也更看重倾听或观察，而不是说话。分析型沟通风格的人在说话时，一般使用具体的、不带感情色彩的语言，特别是衡量或定义类的语言。

分析型沟通风格的人一般都是研究者。当遇到棘手的问题时，人们会求助于分析型沟通风格的人，以寻求清晰、冷静、有逻辑的答案。和社交型沟通风格的人一样，分析型沟通风格的人倾向于避免冲突，因此很不容易做出决定，有人称之为"分析瘫痪"。面对这样的批评，分析型沟通风格的人可能会变得生硬甚至粗鲁。

功能型：使它工作（推、系统化）

功能型沟通风格的人追求把事情做好，用这种方式达到实际效果。功能型沟通风格的人优先考虑说，而不是听。他生成并解释流程，包括时间表、计划及可交付的成果。

功能型沟通风格的人一般都是执行者，他们通过执行来按时、按预算完成任务。这种沟通风格的人注重事无巨细，他们可能会对社交型沟通风格的人感到不满，因为相对于对方，他们更感兴趣的是过程。他们可能会与分析型沟通风格的人结盟，但也会因其犹豫不决而失去耐心。他们关注的是系统，因此会被其他沟通风格的人视为冷淡、反应迟钝，甚至无趣、乏味。因此，功能型沟通风格的人在演示或会议中容易失去观众的注意力。

表现型：演一出好戏（推、共情）

表现型沟通风格的人总是在追求给别人留下深刻的印象。这种沟通风格适合呈现、表演和激励，并通过使用图像和故事来构建大局。表现型沟通风格的人对说的注重远胜于听，其思维具有想象力和横向性。

人们使用这种沟通风格，旨在吸引受众，而事实上，他们更倾向于将他人主要视为听众，而不是对话的伙伴。一个表现型演讲者能敏锐地捕捉听众的想法和感受，尤其是针对他自己的。表现型沟通风格的最终目的是改变人心和思想。

表现型沟通风格的人适合当愿景家。相比烦人的细节，他们更喜欢宏大的想法。他们在讲台或讲坛上有一种如鱼得水的感觉。我们可以寄希望于这种沟通风格的人讲好企业故事。有一类人可能会觉得分析型沟通风格的人令人厌烦，而觉得功能型沟通风格的人又很乏味。的确，表现型沟通风格的人可能缺乏必要的耐心来做出明智的决定。他们适合与社交型沟通风格的人结盟，但却会为了自己的目的而对社交型沟通风格的人进行操控。

你如果已经完成了这个练习，就会对自己偏爱的沟通风格有一个很好的了解。你可能只擅长一种风格，或者发现自己把两种风格的结合作为首选。有些人在这四种风格上的得分相当，你如果是这样的人，那么可以庆幸自己是一个万能沟通者。

理解他人的沟通风格

以下这个沟通风格模型，将有助于你了解其他人喜欢如何沟通。

- 那些关注你并问很多问题的人，是社交型沟通风格的人。
- 那些专注于某项任务并问很多问题的人，是分析型沟通风格的人。
- 对一个任务或过程做大量陈述的人，是功能型沟通风格的人。
- 用陈述来激励或娱乐你的人，是表现型沟通风格的人。

了解别人是哪种沟通风格的人，可以让你懂得如何调整自己的风格，以便更有效地沟通（见表 2-1）。

表 2-1　了解别人喜欢的风格

	分析型	功能型	社交型	表现型
求助	避免	诉诸规则	让步	积极处理
重视	积极性和精确度	效果和底线	关注和友情	认可
需要学习	决策	倾听	采取行动	关注细节
最佳管理方式	提供细节	允许其建立组织	提供建议并帮助	激励其实现目标
致力达到	准确	高效	随和	刺激/有远见
支持手段	原则及想法	结论及行动	关系及感情	肯定和赞扬
决策帮助	证据及服务	选择及可能性	担保及保证	证明及激励

肢体语言：非语言交流的密码

毫无疑问，对话从来不是简单的语言交流。我们也用自己的身体与他人交流，或者更确切地说，身体经常代表我们说话。因此，这组复杂的行为被称为肢体语言。其中，有些肢体语言是有声的，比如说话的节奏、音调和音量，以及伴随人们说话而来的所有咕哝声、叹息声和笑声。有些肢体语言是可视的，比如人们移动眼睛或注视某人的方式，使用的手势、摆出的姿势，靠近或离开另一个人的方式。所有这些都是沟通风格的构成因素。

你喜欢什么样的肢体语言

思考一下你喜欢什么样的沟通风格，以及肢体语言对这种

> 风格有什么影响？你可以想一想你是如何使用声音的，比如用什么节奏、音调怎么变化、音量大小。你也可以想一想如何用自己的身体来表达想法。最重要的是，想一想在交谈时你的眼睛在做什么。
>
> 如何改变自己的肢体语言，以使它更有效？

肢体语言在很大程度上是无意识的。演员（和骗子）可以有意识地控制他们的非语言行为，但需要经过大量训练。大多数人都发现肢体语言很难掌握，尤其是在压力大的时候。特雷西·考克斯（Tracy Cox）写道："在面临压力的时候，我们的身体会泄露秘密，真情流露在手势中。"

肢体语言解释起来难得出奇，主要有以下四个原因。

肢体语言模糊不清。没有字典能准确定义非语言信号，它们的含义可以根据情境而有所不同。有些人闭上眼睛是为了专心听你说话，而有些人这样做是因为对你满不在乎。

肢体语言永不终结。人们可以停止说话，但无法停止身体上的行动。

肢体语言含义庞杂。人的眼睛、手、脚、身体的位置等一切都在同时发生改变。我们会把非语言信息整体性地解读成一个完整的印象。这种解读方式使得非语言信息虽然很强，但并不具体，我们可能无法确定这种行为究竟向我们暗示了什么。

肢体语言和其他语言一样，是由文化决定的。研究表明，有些非语言信息是具有普适性的，例如每个人在高兴的时候都会微笑。然而，大多数非语言行为是某种文化特有的。文化差异导致的对非语言信息的误读，会造成很多困惑。

因此，肢体语言有时会暴露一些我们不想说的话。（还记得我在第一章提出的关键问题吗？我能产生什么影响？）我们可能不知道自己的身体在说些什么，而对方可能会误解我们的非语言信息。

想加强非语言交流，从你的眼睛开始。多想一想在对话中你朝什么地方看，你就能找到让自己的言语更有分量的方法。最简单的方法是盯着对方看，并保持不动，你可能会立刻让谈话变得更舒服。

关键问题：行为管理

- **寻找信息集群**

如果你接收到一组非语言信息，而这组信息似乎传达出一种单一的感觉，你就更能完全相信自己的解读。

- **参考过去的经历**

对于自己认识的人的行为，我们可以解释得更加准确。当然，我们也能注意到他们行为的变化。具有时间跨度的行为模式，解释起来比孤立的情境更准确。

- **检查你的认知**

  问一些问题。你是在解释自己观察到的行为，而不是读懂某人的想法。检查你所观察到的信息，并努力确保你的解释是准确的。

- **注意你的眼神和手势**

  想一想你在谈话中朝什么地方看，以及你是如何改变姿势的。

让你的沟通更灵活

为了使自己的沟通方式更加灵活，我们可以采取两个步骤：对自己偏爱的沟通风格有一定的了解，并更好地评估其他人喜欢的沟通风格。最后一步就是，想方设法让自己的沟通方式更灵活，以适应不同的对象和情境。

高效的沟通者会管理自己的行为。他们想方设法让非语言信息与语言保持一致。你可能会觉得改变自己的行为是不诚实的或者是不真实的，好像在"假扮"一个你自己都不相信的角色。然而，让我们回顾那堂严肃的一课——重要的问题不是我们感觉到了什么，而是我们产生了什么影响。行为管理不过就是努力让自己举止适当，这样就可以对他人产生正确的影响。

> **练 习**
>
> 这是一个思维实验。在问卷中找出你得分最低的那种风格，确定一下在哪些情况下这种风格对你有利。你需要做些什么来提高这方面的技能？你首先能做的是什么？

适应性是人们调节自身行为的意愿和能力。我们已经研究过社交型、分析型、功能型和表现型四种沟通风格，没有哪一种风格天然就会比另一种风格适应性更强。我们都有能力在一定程度上提升自己沟通风格的适应性。与熟悉的人相比，我们通常更容易在陌生人面前调整自己的沟通风格。比如，想象一下你从团队成员晋升为团队领导者的情景：当开始管理同事时，你与这些同事之间的沟通风格需要改变，但他们可能会发现这种风格的变化难以解释或接受。

在不想适应，但选择去适应的情况下，我们可以测试自己提升行为适应性的能力。这里有一些建议可以帮助你。

- 你如果喜欢系统化的风格——分析型或功能型，就可以考虑表现出更多的共情行为。你可以花点时间解释一下你对某件事的感受，也多问一问对方的感受，以便拉近关系。你可以养成多鼓励、多表扬，甚至奉承他人的习惯。

- 你如果喜欢共情风格——社交型或表现型，就可以寻找机会进行更系统的思考。你可以控制一下自己的社交或热衷的活动，专注于手头的任务。你要确保自己了解导致问题的基本原因，以及解决问题所需的步骤。
- 你如果喜欢"拉"式风格——分析型或社交型，那么可以找机会更明确地表达自己的观点。你一定要确保你的观点简单明了，这甚至可能会引起一点争议。请专注于行动。
- 你如果喜欢"推"式风格——功能型或表现型，那么可以在说话前练习倾听，询问别人的观点，让别人掌控对话，寻求更多共识，而不是强加自己的观点。

你不要总是试图改变自己的沟通风格。你要评估一下你到底有多想改变风格。为了增进与他人的融洽关系，暂时忍受一下以一种陌生的风格行事所带来的压力可能是值得的。然而，极端的适应会让你显得前后矛盾或不诚实。

成功调换沟通风格会在职场上给你带来很多好处。适应能力强的人能更高效地与所有合作者互动，可以更高效地驾驭困难或紧张的局面，也可以使每个人的生活变得更容易。

让对话发挥最大的用途

我们在本章探讨过的所有沟通风格都在对话中有所体现。而本书中讨论的所有其他交流模式，在某种程度上都与对话有关。

第四章会涉及询问的技巧，它建立在倾听能力的基础之上。第五章着眼于说服的互补技巧，即人们如何通过说话来影响彼此的想法和感受。第六章探讨故事讲述，以及如何使用叙述来更高效地进行解释和说服。

第七章和第八章讨论所谓的"远距离交谈"。例如，演示是一种对话形式，其中一个人（可能）比其他人说得多。写作是一种对话，它缺乏非语言沟通的大多数特征。然而，电子邮件、短信、即时通信、社交媒体等新技术手段构成了一种更广泛的趋势，使写作更接近口语，不过这种趋势带来了新的挑战，也带来了对新技能的需求。

最后，在第九章，我们会探讨那些不投机的对话情境，即那些我们可能想要避免的对话，或者在最意想不到的时候突然出现的对话。

但首先，让我们更多地关注对话本身，因为这是最强大、最迷人的沟通技巧。我们怎样才能在家庭、职场和社交场合提高对话的质量？第三章将提供一些建议。

本章总结

- 人人都需要根据不同的情境和对象来调整自己的沟通风格。
- 我们可以通过两组互补的行为来描述自己偏爱的沟通风格：推和拉、共情和系统化。

- 上述这几组行为可以构成四种沟通风格：社交型、分析型、功能型和表现型。
- 大多数人都偏爱其中一种或两种风格。
- 这个模型还能用来评估其他人喜欢的沟通风格。
- 沟通风格也通过非语言交流或肢体语言表现出来：眼神、手势和动作，还有说话的语气、音量和速度。
- 肢体语言出奇地难以理解，我们需要检查自己对它的感知。
- 高效的沟通者善于管理自己的行为。
- 适应性是人们调整自身行为的意愿和能力。
- 在不想适应，但选择去适应的情况下，我们可以测试自己提升行为适应性的能力。
- 不要总是试图改变自己的沟通风格。
- 成功调换自己的沟通风格会在职场上给你带来很多好处。
- 本章探讨的所有沟通风格都会在对话中展现。

| 第三章 |

改善对话的七个方法

人们在工作中开展各种各样的对话，有些是轻松的聊天（通常被称为"饮水机聊天"），其他的是计划中的谈话。我们怎样才能使对话更有效率呢？

在本章，我将介绍已经被证明有效的七个策略。

- 明确目标。
- 理清思路。
- 管理时间。
- 寻求共识。
- 超越争议。
- 经常总结。
- 善用视觉元素。

你不要觉得必须把这七个方法一下子都用上。你可以选择其中一个，反复运用几天（你应该有很多机会来练习）。你一旦意识到已经可以把其中一项技能随时运用到对话中，就可以接着学习另一项了。

明确目标

你要把对话想象成你和另一个人结伴同行的一段旅程。你们如果不知道要去哪里，很快就会开始偏离轨道。

你要从一开始就明确说出自己的目标。你可以把它当成"标题"：

- 我想和你讨论一下发展计划。
- 我知道你很担心销售数据，我有些线索也许能帮上忙。
- 我召开这次会议是为了针对某项目做出决策。

目标大致可以分为两类：发现问题；寻找解决方案。当思考标题的时候，你要搞清楚"这是一个问题，还是一个解决方案"。人们经常假设，所有关于问题的讨论都是为了找到解决方案。因此，我们常常发现自己还不能准确定义或理解问题，却已经在努力寻找解决方案了（详见下一部分"理清思路"）。

在会议中，展现谈话目标的最佳位置是在议程上，它的意思是"要做的事情"。你要用议程列出你在会议中想做的事情，而不是你想说的内容，例如与其写一个"IT 基础设施"这样的标题，倒不如写"审查 IT 支持的供应商选项，并选择优先投标者"。在你陈述了对话的目的之后，会议上的每个人就能明确应该朝哪个方向去推进这个对话。

当然，你可能会在谈话中途决定改变目标，就像你可能会在旅行中决定改变方向一样。只要对话的参与者都了解发生了什么，改变目标就没有问题。事实上，如果在谈话一开始就把目标陈述得过于具体，到最后可能会限制促成成功的方案选择。例如，在谈判中，你要想一想可能会有多种不同的目标：你更愿意看到什么样的结果？你能勉强接受的是什么？哪些是不能商量的？

理清思路

结构化可以极大地提高对话的品质，而最简单的方法就是把对话分成两半。

我们可以把思考想象成一个分为两个阶段的过程。第一阶段的思考是清楚地知道自己所想的是什么问题，第二阶段的思考是想方设法来解决问题。第一阶段的思考关注现实，并将发现转化为语言，而接下来第二阶段的思考是使用语言来决定做什么。也可以说，第一阶段的思考是一种感知，而第二阶段的思考则是一种判断。

第一阶段的思考常常被忽略，因为人们总认为自己知道自己正在思考的是什么问题。当然，第二阶段的思考质量直接取决于第一阶段的思考质量。我们如果不能全面了解一种情况，那么对它的判断也会存在局限性。一旦问题被误解，那么解决方案也好不到哪里去。

我时常认为，人们对解决方案的关注太多、太急。因为时间紧张，又急于求成，所以我们还没有在第一阶段的思考上花足够多的时间，就匆忙开始第二阶段的思考。要解决的问题究竟是什么，我们对此知之甚少。事实上，人们不想对一个问题思考太久，他们认为最好就是处理它，把它推到一边（或者可以直接无视它，并希望它消失）。

不管这个问题有多棘手，我们都要尽可能全面地研究它，给第一阶段的思考尽可能多的时间和关注。

不止这些，我们还要确保在同一时间，所有对话的参与者都处于同一思考阶段。

> **重要提示**
>
> 在会议上，我们要邀请和鼓励不同的参与者各抒己见，特别是那些发言不踊跃的团队成员。这样一来，也许会出现微妙且棘手或针锋相对的情况，但观点的范围越广，我们对问题的理解就越丰富。

理想的解决办法是找到两个思考阶段之间的联系，高超的对话者会在以下五个方面建立连接：

- 过去与现在。
- 问题和解决办法。

- 请求和答复。
- 消极想法和积极想法。
- 对真相的看法和对结果的猜测。

四种对话类型

我们可以把两个阶段的思考分解成四种对话，它们分别适用于：

- 建立关系。
- 探索可能性。
- 寻求机遇。
- 唤起行动。

这四种对话可以成为一个单独的、更大的对话的一部分，也会在过程或项目的不同阶段分别出现（见图 3-1）。

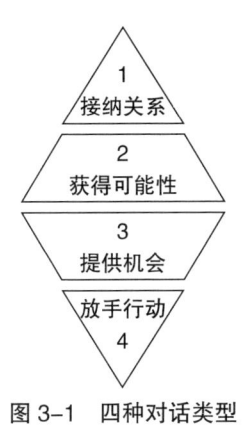

```
     1
   接纳关系
     2
   获得可能性
     3
   提供机会
   放手行动
     4
```

图 3-1　四种对话类型

建立关系型对话

这种对话为其他三种对话奠定了基础。开展这种对话是为了创造或发展我们需要的关系，以便达成目标。

在这类对话中，关键问题包括：

- 我们是谁？
- 有什么问题？
- 你如何定义这个问题？
- 我们与手头的问题有什么关系？
- 是什么把我们联系在一起？
- 我们如何看待事物？
- 你看到了什么是我看不到的？
- 我看到了什么是你看不到的？
- 我们看待事物有哪些相似或不同之处？

建立关系型对话可能是试探性的、笨拙的或尴尬的，有时还比较仓促，比如我们在聚会上与陌生人进行的那些没话找话的尴尬交谈。建立一段良好的关系型对话不只是询问"你是做什么的？""你住在哪里？"这样的问题，而是定义彼此之间的关系，以及如何看待手头的事情。

探索可能性的对话

探索可能性的对话是在建立关系型对话的基础上延伸出来的，它发展了第一阶段的思考，询问的是我们可能在关注什么。

> **练 习**
>
> 在这种类型的对话中，关键问题包括：
>
> - 真正的问题是什么？
> - 我们真正想做的是什么？
> - 这有问题吗？
> - 如何从不同的角度看待这个问题？
> - 能否换一种解释？
> - 我们如何做到？
> - 对于这个问题，别人是怎么看的？
> - 这次和上次有什么不同？
> - 我们以前做过类似的事吗？
> - 我们能否简化问题？
> - 我们可以化整为零吗？
> - 问题实质上是什么？
> - 它感觉或看起来像什么？

探索可能性的对话不是关于是否要做某件事或做什么，而是试图找到看待这个问题的新视角。

此外，事实上，任何问题都可以用多种不同的视角来看待。你如果被某一个问题困住了，那么可以试一试以下这些策略中的一种：

- 从新的角度看问题。
- 倾听关于正在发生的事情的不同解释。
- 区分你看到的和你想到的。
- 问一问别人是怎么看的。
- 把问题分解成几个部分。
- 单独并仔细研究每个部分。
- 将问题融入宏大的思维格局。
- 弄清问题是什么，它看起来像什么，或者感觉像什么。

探索可能性的对话往往创意十足，头脑风暴就是一个很好的例子。但是寻求不同的观点也会导致冲突，爱德华·德·波诺（Edward de Bono）称之为"对抗性思维"（关于对抗性思维的更多内容，请参见本书第九章）。

这种类型的对话不适用于做决定。你在主持一场会议时，应鼓励与会者提供想法，并注意不要评判或批评那些想法或提出想法的人。你要特别小心地管理谈话的情绪内容，当有人发表情绪化的评论时，你要温柔地询问这样说有没有根据。

寻求机遇的对话

寻求机遇的对话将我们带入第二阶段的思考。

在这种类型的对话中，关键问题包括：

- 我们可以在哪里行动？
- 我们能做什么？

- 可以实现哪些可能？
- 哪些是可行的？
- 我们给自己设定的目标是什么？
- 潜在的障碍是什么？
- 如何知道我们成功了？

这类对话关注的是未来的行动：在众多可能性中进行选择，你会找到共同的目标。因此，这类对话事关规划。许多好想法从来没有成为现实，是因为我们没有为这些想法规划实现路径，而寻求机遇的对话就是构建了这样一条路径。为了让行动成为可能，你应该评估一下你需要什么，是资源、支持，还是技能。

> **重要提示**
>
> 从可能性到机遇的桥梁是衡量。现在，开始设定目标及衡量成功的标准。如果你在谈论一个项目，让它实现的重要节点和障碍在哪里？你如何衡量成功？

后退规划往往比向前规划更有效。你回想最初的目标，它改变了吗？把自己置身于未来，那时你已经实现了目标。这样的未来是什么样的？发生了什么？创造这样的未来需要你做什么？后退规划可以让你简化计划，并找到新的行动机会。

唤起行动的对话

在这类对话中，各方会就做什么、谁来做，以及什么时候做，达成一致意见。但将机遇转化为行动，需要的不仅是意见一致，还包括做出一个致力于行动的承诺。

在面试或会议结束时，用对话唤起行动是必不可少的。毕竟，如果没有产生任何结果，这些谈话就毫无意义。唤起行动的对话具有平衡询问和承诺的功效。如果有必要，可以一步一步来。

如何用对话唤起行动

1. 要求对方在一定时间内做某事。你还要说清楚这是一个请求，而不是命令。命令可能会产生立竿见影的效果，但它们很少能让人甘于奉献。

2. 对方对这个请求可能有以下四种回答：

- 接受。
- 拒绝。
- 承诺延后接受或拒绝。("我会在……之前通知你。")
- 讨价还价。("这我做不到，但我可以……")

3. 持续协商，直到对方能够做出确定的承诺。("到……的时候，我会为你做……事。")

做出承诺的人应该使用精确的措辞，而不要满足于简单的

> "好，我会这么做"。做出承诺的人如果明确说出自己要做什么，什么时候完成，并把行动写下来，就更有可能付诸行动。在会议结束时，你要使用这个技巧来获得行动承诺。人们如果公开承诺要做某事，并把它写下来，就更有可能信守承诺。

这四种对话只有有条不紊地进行时，才会真正奏效。每一次对话的成功，都建立在之前对话成功的基础上。如果一场对话效果不佳，那么它将继续影响下一场对话。例如，在建立关系型对话中，未解决的部分会成为可能性冲突、隐而不发的事项或"个性冲突"。如果可能性探索不充分，就会导致错失良机。而行动承诺背后如果没有真正的承诺，就可能意味着任务无法完成。

管理时间

对话需要时间，而时间是人类唯一的、完全不可再生的资源。

安排好对话时间

计算一下你有多少时间，而不要只假设自己没有时间，要从实际出发。如果有必要，你可以把面谈时间定得晚些，或者把会议安排在另一个时间。

> **重要提示**
>
> 随时准备问一问对方现在进行谈话是否合适，以及他有多少时间。

在对话中把握好时间

大多数谈话会在不同的阶段加速或减慢。一般来说，一场高效的谈话开始时比较慢，然后随着谈话的进行而变得越来越快。但在这方面并没有硬性规定。

出于各种各样的原因，有些谈话会进行得非常快。比较矛盾的是，达成共识和争论都能加速对话。你可能很快就确定了一个解决方案，或者屈从于"群体思维"（这时，每个人都同意，因为同意让人感到舒服）。另一种情况是，意见分歧可能会升级为一场情绪化的争吵。

相反，当人们发现自己被一个问题困住（或者对一个问题看法单一）时，对话可能会进行得非常缓慢。如果你听到人们在分析过去而不是考虑未来，或者有人说得跑题了，那么你可能需要给谈话注入一些新的能量。

> **练 习**
>
> 花一上午的时间来留心一下自己的谈话节奏，看一看哪些部分太快了，哪些太慢了。下午继续观察，但要采取行动来调整谈话的节奏。如果对话进行得太慢，那么你可以通过总结来结束部分对话、推动行动或从评论转向暗示："这在……方面意味着什么？"如果谈话节奏太快，那么你在答复之前可以通过思考或转述来放慢速度，比如问一些开放式问题（像"Why"这样以"W"开头的问题，就是很好的选择），或者干脆暂停。

寻求共识

最理想的对话会给人一种达成共识的感觉。每个会谈者都是从各自不同的立场、观点出发的，在谈话结束时达到了携手共同面对未来的效果。为了达到这样的效果，我们需要有所改变，比如调整立场、改变观点。对话—共同改变，是我们实现这一目标的手段。

我们要求并允许这些改变发生。你如果请求进入一个新领域，就可以：

- 试探性地发表意见。
- 不肯定地表达自己（"或许我们可以……""我想我认为……""有可能……"）。

- 说话前停顿。
- 看向别处或低头往下看。
- 明确征求允许（"如果我提到……，你介意吗？""我可以自由地谈论……吗？"）。
- 对他人的言语或行为做试探性的评论。

除非你得到对方的允许，否则不要继续说下去。对方可能会明确地表示许可（"你想说什么尽管说""我真的很欢迎你坦诚的意见""我不介意你谈这个"），或者他们可能不使用语言，而是用点头、微笑、身体前倾等肢体语言来表示同意。

相反，不同意可以表达得很明确，比如"这个最好别谈了"，或者用代码来表示。这个人可能会回避问题、回答得模棱两可，或者答非所问。他们的非语言行为会暗示他们的真实感受，比如交叉双臂、向后靠在椅子上、变得焦躁不安、避免眼神接触等。

超越争议

向任何人征询关于某件事的看法，他们很可能会告诉你，这件事有什么问题。人们常常认为，了解别人想法的唯一途径就是反驳它。对抗性思维似乎已经在我们的头脑中根深蒂固，这也许是因为许多人在学校里学习过辩论技巧。

辩论就像一场口头拳击赛（这个词源于拉丁语，意思是"打倒"）。根据辩论规则，如果你能成功地推翻所有反对意见，那么你的观点就会被证明是正确的。你甚至不需要证明一个想法是错的，只要嘲笑或质疑提出它的人，就能说服别人相信你是对的（这有时也被称为人身攻击的谬论）。

然而，争论无论多么正式，都会阻止人们探索和发现新思想。争论会提高谈话的情绪温度，其后果就是谈话质量受到影响，因为人们会过于用力地保护自己，过于害怕，过于疲劳作战，因此无力更好地进行谈话。

> **重要提示**
>
> 下次当被要求评论一个想法时，你故意问自己："这个想法好在哪里？"

推理阶梯

"推理阶梯"（见图3-2）让我们的对话超越争论。该模型由克里斯·阿基里斯（Chris Argyris）开发，将我们在第一章讨论的模式匹配发展为梯子上的台阶。我们对每一级进行模式匹配，位于梯子底部的一级是观察，位于顶端的一级是行动。

- 从我们的观察来看，我们通过选择数据踏上了梯子的第一级（我们选择关注什么）。
- 在第二级，我们从类似数据的经验中推断意义。

- 在第三级，我们将这些意义归纳为假设。
- 在第四级，我们根据这些假设构建心智模型（或信念）。
- 我们基于心智模型采取行动。

每当交谈的时候，人们就沿着这个梯子上上下下。人们通常更擅长向上爬，而不是向下走，事实上人们可以在几秒钟内跳到最高的那级台阶。这些"抽象的飞跃"让人们行动更快，但也会限制对话的范围，因为它们创造了一种信念或心智模型，这对思考构成制约。这些信念也会把人们送到阶梯下面，并对观察的结果进行过滤——人们只选择符合自己信念的数据。阿基里斯称之为"反射性循环"，也可以称之为一种观念模式。

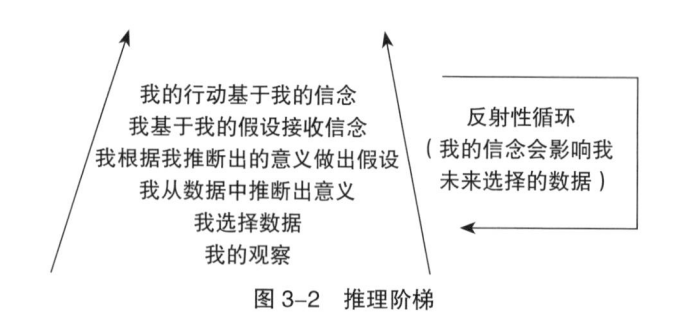

```
我的行动基于我的信念
我基于我的假设接收信念              反射性循环
我根据我推断出的意义做出假设    （我的信念会影响我
我从数据中推断出意义              未来选择的数据）
我选择数据
我的观察
```

图 3-2　推理阶梯

推理阶梯让我们在对话中有更多的选择。它让思维进程趋缓，并让我们：

- 更加注意自己的思维。
- 让他人也能获得这种思维。
- 了解他人的想法。

最重要的是，我们可以从个人信仰、假设和观点上"走下来"，然后"爬上"共同的意义和信仰，从而化解一场充满对抗性的对话。

使用推理阶梯的关键是提出问题：

- 什么数据可以支持你所说的内容？
- 我们对数据意见一致吗？
- 我们对数据的意义达成共识了吗？
- 你能给我解释一下你的推理吗？
- 当你说（你所说的话）时，你指的是（我对它的重新表述）吗？

例如，如果一个人提出了一个行动方案，那么另一个人可以小心地从梯子上走下来，问：

- "你为什么认为这可能行得通？""是什么让它成为一个好计划？"
- "你认为你可能做了什么假设？""你考虑过……？"
- "这将如何影响……？""这是不是意味着……？"
- "你能否举个例子？""是什么让你特别注意它？"

更为强大的是，推理阶梯可以帮助我们展现自己的想法，并让别人来检验。你如果要提出一项行动计划，就可以问别人：

- "你能看出我的想法有什么缺陷吗？"
- "你会用不同的眼光看待它吗？""你会如何综合考虑它？"

- "在不同的情况下，它会不会变化？""我的假设有效吗？"
- "我有没有忽略什么？"

推理阶梯的美妙之处在于，你不需要经过任何特殊训练就能使用它。它非常实用，你可以马上用它来调停那些可能会陷入争论的对话。

练习

在一张纸上画一个推理阶梯，在阶梯的不同层级旁写上上述的一些问题。把这张纸放进你的钱包或包里，也就是一个你很容易找到它的地方。当下次发现自己在谈话中不同意别人的说法时，你把这张纸拿出来，试着爬上或爬下梯子。你要提问题、测试假设、展示思维中的链接，然后让其他人也展示他们的思维链接，注意对话的走向。最后，你可以思考一下推理阶梯作为对话工具是多么有用。

经常总结

总结可以帮助我们完成本章所讨论的其他内容。在总结中，我们可以陈述目标，并检查我们是否拥有相同的目标。它让我们能够组织对话，并通过第一和第二阶段的思考检查我们的谈话进行到什么地方。我们可以通过总结来管理时间、寻找共识并化解争论。

总结不仅仅是重复别人刚刚说过的话，它要求用你自己的语言重新解释他们的想法。这包括：

- 了解他们提出的具体观点。
- 欣赏他们说话的立场。
- 理解构成这种立场的信念。

了解某人说的话，并不意味着你认同它，但这确实意味着你在思考他说的话。理解他们的感受，并不意味着你也有同样的感受，但这确实表明你意识到了他们的感受。理解他们的信念，并不意味着你也有同样的信念，但这确实意味着你尊重这种信念。所有这些都意味着，总结有助于共同解决问题。

> **重要提示**
>
> 在谈话结束时，你可以和对方一起做一个总结。

善用视觉元素

很多对话中都有视觉元素，它通常表现在我们的身体上，比如手势、面部表情等，都可以丰富对话的含义。我们可以使用工具让思维变得可见，比如在信封背面涂鸦、建立一个模型或进行一场演示。

使用可视化工具对会议大有裨益。会议是一群人在一起思考，当所有人都能看到自己在想什么时，思考就会更高效、更有效，也更有协作性。视觉工具辅助人们聚焦于思维，毫不夸张地说，这样我们不太容易跑题。此外，视觉工具的互动性越强，就越能帮助我们产生新的想法。我们可以使用的视觉工具多种多样，比如挂图和素描板、记事本和便利贴、白板和智能板、幻灯片和互动屏幕等。

随着线上会议越来越普及，我们可能会更多地使用这些工具。毫无疑问，视觉工具可以提高会议的纪律性、包容性和趣味性，而且它们不一定是高科技的。

思维导图是一种将思维可视化的有效方法，尤其是可以帮助人们进行第一阶段的思考，即连接各个元素并鼓励人们发现看待事物的新角度。思维导图不仅可以记录想法，还有助于改善我们的思维。

练习

下次当需要针对一个项目、一份报告或一场演示组织想法时，你可以做这个练习：

1. 在一张普通纸的中心画出关于主题的视觉图像。
2. 写下你想到的任何与中心思想有关的东西。你不要编辑或阻止任何想法，因为每个想法都可能有用。
3. 写下单个的词，用印刷体，字母大写，沿着那些从中心

> 向外辐射的线来写。
>
> 主要想法会聚集于图像的中心，细节会向边缘辐射。
>
> 每条线必须至少与另一条线相连。
>
> 用颜色、图案、高光等视觉元素显示出来。
>
> 确定你所创造的想法群组。你如果愿意，就给每个群组定一个标题，并把它们按数字顺序排列。

试着用一下思维导图，从相对简单的对话开始。你可以用思维导图记录一段电话对话，看一看你运用的效果如何。你可以将这种练习扩展到面对面的对话中，邀请另一个人查看并优化思维导图。许多管理者用它来做会议记录，并作为会议记录的笔记。一些软件包可以让我们在屏幕上创建思维导图，这对在线会议尤其有利。

使用比喻

很多最有力的视觉效果都是由我们使用的语言创造出来的，尤其是我们使用的比喻。比喻是具体形式的思想形象。这个词的意思是"转移"或"延续"：将你的意思从一件事转移为另一件事。它能让听众把一个事物想象成另一个东西，从而以一种新的视角来看待它。

我们使用了许多比喻，甚至没有注意到它们。你如果想更多地使用比喻，就要从日常对话中的倾听开始。

练 习

这里有一个有用的练习，可以拓展你对问题的思考。如果你完全被困住了，找不到任何解决办法，那么这个方法尤其有用。

1. 首先，把问题写下来。你可以把这个问题定义为"出了什么事"，也可以定义为"如何去做"。
2. 例如，问题可能是"团队不能很好地合作"或者"如何帮助团队更好地合作"。
3. 现在问自己这些问题：

- 问题是什么？
- 如果是另一种情形，比如板球比赛、中世纪城堡、火星任务、幼儿园，我们会如何处理？
- 如果是另一种人，比如园丁、政治家、工程师、理发师、演员，我们会怎样处理这个问题？
- 这种情况给人什么感觉？
- 如果这个问题是一种动物，它会是哪种动物？
- 把问题描述成人体的一部分。

4. 现在试着从你发现的比喻中找到其与最初问题的联系。关于未来行动，比喻暗示了什么？

可能你需要放慢谈话的速度来寻找这些比喻。当发现一个有效的比喻时，你就知道了（这句话中的"发现"是个比喻）。这场谈话会突然火起来（这是另一个比喻）！当意识到你正在以一种全新的视角看待这个问题时，你会突然感受到能量的注入（这是第三个比喻）。

本章总结

- 七个经过验证的策略可以帮助你改善对话：明确目标、理清思路、管理时间、寻求共识、超越争议、经常总结、善用视觉元素。

- 明确目标：
在一开始就明确你的目标；
提问：这是问题，还是解决方案？

- 理清思路：
运用第一阶段的思考和第二阶段的思考；
对话是为了关系、可能性、机遇、行动。

- 管理时间：
安排好对话时间；
在对话中把握好时间。

- 寻求共识：
在进入对方的领地之前，先征得对方的同意；

允许对方进入你的领地。

- 超越争议：

用推理阶梯来检查对方的思维；

用推理阶梯来邀请对方检查你的想法。

- 经常总结：

在谈话开始时；

在整场谈话有规律地进行时；

在谈话结束时。

- 善用视觉元素：

记录你的想法；

使用思维导图；

使用比喻。

第四章
询问的技巧

询问的技巧就是倾听的技巧。在第二章探讨的"推"或"拉"范畴内,倾听是一种"拉"的核心行为。任何对话的质量都取决于倾听的质量。

史蒂芬·柯维(Stephen Covey)说:"先努力去理解别人,然后才能被别人理解。""只有通过询问别人的想法,你才能诚实而充分地回应他们。只有发现别人的思维方式,你才能说服他们接受你的思维方式。只有借助倾听,你才能管理和领导他们。"

有技巧的询问也可以帮助你倾听的对象,因为真正深入、专心的倾听可以帮助他们更好地思考。

询问技巧可以归纳为七个方面:

- 表现出你的重视。
- 切忌自视过高。
- 让气氛轻松起来。
- 不要吝啬你的鼓励。
- 只问高质量的问题。

- 避免信息轰炸。
- 给予积极反馈。

掌握这些技巧可以帮助你给予他人应有的尊重和空间，让他们形成自己的想法，并让这些想法清晰可见。

表现出你的重视

关注是我们能做的最尊重人的事情之一。专注地倾听某人说话，这似乎很简单，可是听的时候有谁会不专注？

其实，我们经常不专注。南希·克莱恩（Nancy Kline）在她的《思考的时间》(*Time to Think*)一书中说得很好：

> 我们以为自己在倾听，其实不然。我们接完对方的句子，打断对方，一起发几句牢骚，用自己的故事填补停顿，然后看看表，叹两口气，偶尔皱下眉，轻轻地敲敲手指，拿一张报纸来读，或者就走开了。我们总是在给建议，永远在给建议。

真正的倾听意味着暂停自己的思考，让说话者的想法进入我们的大脑。

关注可以帮助说话者找到想法并表达出来。如果我们给予适当的关注，那么说话者会变得更加伶牙俐齿。而如果我们不注意，他们就会表达得犹豫、迟钝。缺乏关注会降低他们的聪明程度，而密切的关注会让他们更加富有智慧。

你不要着急，要根据对方的节奏来调整自己的节奏。等待的时间要比你希望的更长。当他们无话可说时，你就问一问："你对这件事还有什么看法？""你还想到了什么？还有什么引起了你的注意？"类似这种让别人多说话的邀请，甚至能让最疲倦的大脑恢复活力。

中途打断

打断别人说话是缺乏关注最明显的症状。有时我们无法抗拒打断别人的念头，因为我们内心仿佛被某个恶魔操控，它强迫我们用言语填补说话者的停顿。就好像一想到沉默，人们就会感到害怕。

大多数情况下，我们打断别人是因为某些假设。下次当你在谈话中打断别人时，问一问你自己是在运用以下这些假设中的哪一个：

- 我的想法优于他们的。
- 答案比问题本身更重要。
- 我必须迅速说出我的想法，如果不打断，就会失去机会（或忘记）。
- 我知道他们要说什么。
- 他们不需要把话说完，因为我会改得更好。
- 他们无法再改进这个主意了，所以我不妨替他们改进一下。

- 我比他们更重要。
- 对我来说,让别人看到我有一个好主意,比让他们说完更重要。
- 打断别人可以节省时间。

你如果认为你知道说话者要说什么,可能就错了。如果你允许他们继续说下去,那么他们常常会想出一些更有趣、更生动、更个人的内容。

> **练 习**
>
> 下次你在和同事交谈时,有意地记下你打断他们的次数,以及他们打断你的次数。当谈话结束时,你把这两个数字加起来。这些数字说明了什么?这些打断中,有多少是有用的或必要的(并非每次打断都是无益的)?

不要怕冷场

一旦你停止插嘴,谈话现场就会变得更安静。停顿会出现。对方会停止说话,而你也无法打破沉默。

你可以把这些停顿看作谈话过程中的交叉点。下一步要去哪里,你有很多选择,对方也可以选择。你如果想从倾听者变为说服者,是可以做出这种选择的。但是,你如果是在询问,就给了说话者做出选择的特权。

> **重要提示**
>
> 谈话中的停顿分为两种，一种是填补停顿，另一种是空停顿，你要学会对这两者加以区分。

在一些停顿中充满了思考。有时，说话者会突然停止说话，看向其他地方，也可能是更远的地方。他们仿佛在进行一次短途旅行，而你没有被邀请。他们希望回来时你还在交叉路口，因为他们相信你会在那里等待。所以，不妨等一等。

另一种停顿是空停顿，没有任何内容。说话的人不会突然停下来，相反他们似乎是在慢慢地结束谈话。你们站在对话的交叉点上，谁都没有动。谈话的活力似乎消失了，说话者的目光没有聚焦在任何地方。他们如果觉得和你在一起很舒服，就会把注意力放在你身上，提示你选择谈话如何进行下去。

等待停顿结束。如果那个停顿没有任何内容，那么说话者可能会在几分钟后说："我想不出别的事来。""就是这样，真的。""所以，只能这样了，我没别的想法了。"你可以试着问："你还想到别的事情吗？"如果对方愿意让你来推动谈话，那么你就可以问一个问题，提一个建议。

把你的重视表现出来

想表现出你的重视，最好的办法就是重视本身。但有时，我们需要有意识地集中注意力。从你的眼睛开始，在听别人说话时，你要练习目不转睛地看着说话者，并留心自己什么时候开始移开目光。一般来说，人们对说话者的关注程度远远不够。

正确使用眼神关注，对谈话双方都有好处。你如果看得更仔细，那么实际上会更注意说话者在说什么（演讲者可能会更频繁地把目光从你身上移开，这是我们在思考该说什么时的反应）。放松面部肌肉，不要皱眉，也不要僵硬地微笑。使用最少的鼓励语（详见本章后面"鼓励"的部分）。但是，最终都要回到你使用眼神的方式上来。

要注意的是，这种专注的目光实际上也可能会约束说话者。在某些文化中，注视等同于凝视，是不尊重的信号。你需要对这些个体或文化差异保持敏感，并相应地调整你的眼神。

切忌自视过高

只有在沟通中提高了对方的地位，你才会问得更好。"推"的行为会提升我们自己的地位，却总是会降低对方的地位（请回顾第二章）。这会打断他们的思路，也可能意味着你永远得不到有价值的信息和想法。

对于管理者和领导者来说，谈话中的地位往往因权力而变得复杂。权力可以有许多不同的形式，例如奖励或惩罚的权力、来自规定或专业知识方面的权力、由高级职位带来的权力。当权力与提升地位的"推"的行为相结合时，我们很容易发现自己变得傲慢自大。

居高临下地对待说话者，是平等谈话最大的敌人。它源于父母和照顾者对待孩子的方式（这个词来自拉丁词"pater"，意思是"父亲"）。当然，我们常常要像对待孩子一样对待孩子，比如：

- 指导他们。
- 控制他们。
- 为他们着想。

你如果是一名管理人员，可能会觉得这份清单多少涵盖了你对下属所负的责任。你可能会认为，履行这些责任的方式就是说话。但明智的管理者及领导者都知道，从倾听中获得的益处要远远多于从交谈中获得的益处。

一旦你认为你比别人懂得多，或者是能给别人提供答案，你就在居高临下地对待他们，因为没有人能够在轻视别人的同时尊重别人。

让气氛轻松起来

优质的思考出现在轻松的环境中。营造轻松的气氛能让你更深入地询问，发现更多的想法。当你心情安逸的时候，问题的解决方案时常会出现，仿佛施了魔法一样。

许多人对轻松工作的想法感到不舒服。他们已经习惯了紧迫感，因此无法想象以其他方式工作。许多组织把安逸视作懒惰，认为你如果没有全力以赴地工作，没有在截止日期前完工，没有同时处理 50 个任务，就不值那份薪水。有时人们认为，最好的想法就出现在这样紧张、忙碌的状态中。

其实不是这样的。紧迫感使人无法好好思考，因为人们总是忙于行动。归根结底，只有行动才有结果，难道不是吗？但当人们需要通过思考才能取得这些结果的时候，就不是这样了。有时，最好的结果只出现在人们什么也不干的时候，比如用一种灵敏和放松的心态去关注别人的想法。

营造轻松的气氛是一种行为技能。你不必为了让对方轻松而自己先感到轻松。比如，你会怎样和一个拿枪威胁你的人说话？你要呼气，放慢你说话的节奏，降低音量和音调。你要排除干扰，比如拔掉手机插头，关上门，找一个安静、舒适的地方（你可能需要离开办公室）。你要找准时机，如果时机不对，就推迟谈话。

不要吝啬你的鼓励

为了让别人更自如地产生想法，你需要做的不仅是给予关注、平等相待、营造轻松的气氛，还需要积极鼓励他和你分享想法。

让我们回顾在第一章发现的关键问题：我能产生什么影响？说话者的想法在很大程度上取决于你对他们产生的影响。所以，如果你：

- 建议他们转移话题。
- 在听他们的观点之前，先说服他们认同你的观点。
- 和他们针锋相对。
- 鼓励他们和你争论。

那么你就不是在鼓励他们充分思考。你的询问方式有问题。

竞争是鼓励最大的敌人之一。我们很容易发现自己在用说话者的观点来推广自己的观点。这都是对抗性思维这种习惯的一部分。

竞争迫使人们只考虑那些有助于自己获胜的想法。如果说话者觉得你在和他们竞争，他们不仅会说得更少，还会想得更少。反过来，你如果觉得演讲者在试图和你争论，就不要以牙还牙了。我在第三章介绍过的推理阶梯是一个非常有用的工具，它能帮助你化解对话中的竞争性。

与其一争高下，不如各抒己见，然后努力寻求共识（参见第三章）。

最少鼓励

最少鼓励是一种简短的支持行为，即告诉说话者你希望他们继续说下去。关于最少鼓励的语言可以是：

- 次级发音："哎呀""嗯嗯"。
- 单词和短语："是的""真的吗？""我明白了"。
- 重复使用关键词。

关于最少鼓励的行为可以包括：

- 身体前倾；
- 注视的眼神交流；
- 点头。

最少鼓励提倡的是不要打断说话者。它们表明你对说话者的总体观点，或者他说的某个特定的观点，是感兴趣的。但是请注意，它们可以潜移默化地影响说话者说出那些他们认为你想听的话，而不是他们想说的话。因此，如果使用不当，它们可能会表现出不耐烦，或者变成空洞的姿态。

只问高质量的问题

问题是询问的关键所在，这是不言而喻的，因为询问，顾名思义就是提问题。

当然，问题的用处远不止询问。我们可以用它来引发争论，或者让自己看起来更聪明。问题也可以是伪装了的陈述，我们可以用它来批评、嘲笑甚至侮辱他人。

提问题并不总是被认为是一种好的方式。我们有时不提问题，因为害怕挑战权威，或者不想让自己看起来很愚蠢。在一些组织中，提问题简直就是"不作为"。塞缪尔·约翰逊（Samuel Johnson）曾说："提问不是绅士们交谈的方式。"（我猜他是在讽刺。）

最好的问题能打开说话者的思路。一个能帮助他们深入思考、形成想法或厘清思路的问题，就是一个高质量的问题。所以，我们可以用问题来：

- 查明事实；
- 检验你的理解力；
- 帮助对方增进理解；
- 邀请对方审视你的想法；
- 请求行动。

我们提供了一整套问题，帮助你更充分地进行询问。具体来说，我们可以提六种类型的问题：

- 只能回答"是"或"否"的封闭式问题。
- 不能用"是"或"否"来回答的开放式问题。
- 把答案送到对方嘴边的引导性问题。
- 有助于你在谈话中占据主导地位的控制性问题。
- 基于前述问题或深入挖掘的探究性问题。
- 重申上一句话，但不提新要求的反思性问题。

推理阶梯可以提供各种各样的问题，你也可以用它来邀请说话者向你提问。

有一种问题特别有效，它可以通过去除对说话人思维的限制的各种假设，来解放说话人的思维。这个神奇的问题始于："假使……（将会怎么样）。"

你可以猜猜一个说话人可能会做什么假设，然后问以下两类问题中的一个："如果这个假设不是真的呢？""如果相反的假设是正确的呢？"

第一类问题的例子可能包括：

- 如果你明天就成为首席执行官呢？
- 如果我不是你的管理者呢？
- 如果你使用设备不受限制呢？

第二类问题的例子可能包括：

- 如果你不受预算的限制呢？
- 如果顾客真的蜂拥而至呢？
- 如果你知道你对公司的成功至关重要呢？

练 习

下次你准备调查真相型谈话时，比如一个评估面试，或者是一个项目更新，你可以把想问的问题列一个清单，它至少包括以下每一种问题类型：封闭式、开放式、引导性、控制性、探究性或反思性，以及"假使……（将会怎么样）"。你可以为这些问题设置一个可能的排序，思考一下根据谈话的走向，有些问题如何成为替代性或潜在性问题。

避免信息轰炸

信息就是力量。隐瞒信息是一种权力运用，让你比别人更有优势。但是，提供过量的信息也会干扰询问，因为它会阻止对方进行有效的思考。因此，在询问模式下，适量提供信息是正确的做法。

- 不要打断。在提供任何新信息之前，你要让说话者说完。你不要在他们说话中途强行插入信息。
- 选准介入时间。你要想清楚什么时候提供信息最合适。
- 筛选信息。你要提供那些你认为能优化说话者思维的信息。你要抵制住诱惑，不要放大一些与他们的思考无关的信息。
- 不要为了炫耀而提供信息。你可能想要提供一些信息来证明自己多么专业，多么与时俱进，这种诱惑要抵制。

重要提示

在提供你认为他们需要的信息之前，你要询问一下对方的需求。

你要求说话者提供给你适度的信息量。你要在正确的时间，以合适的理由询问信息，最好是让说话者形成自己的想法，然后要求做一个总结，而不是不断地用提问打断他们。

给予积极反馈

反馈的作用，简单来说就是检查对方是否理解了我们的话，但其实它可以做得更多。比如，让我们从倾听转向表达，从询问转向劝说，从第一阶段思考转入第二阶段思考，从提出问题发展到提供解决方案。此外，反馈可以增强说话者的自我价值感，从而提升他在谈话中的表现。

当然，对于许多管理者来说，反馈往往不是倾听对话的结果，而是最初开始这场对话的原因。许多管理者觉得绩效反馈有压力，并且这种压力感在他们害怕员工会做出敌对性反应的时候更甚。互动咨询公司（Interact Consultancy）2016年受委托进行的一项调查显示，超过1/3（37%）的管理者声称，提供给员工可能会让其做出负面反应的绩效反馈让人感到不舒服。

这种焦虑促使管理者尽快结束会议。这是可以理解的，人天生就会避免痛苦。但这样做的结果是，在这段对话中几乎只有管理者在说话，而员工则始终保持沉默。这都是"推"的行为，因为没有询问，没有倾听，没有真正的关注。

现在，让我们思考一下这段对话对员工的影响。在一项对近 4 000 人的调查中，杰克·曾格（Jack Zenger）和约瑟夫·福克曼（Joseph Folkman）发现，人们感受到自己被倾听的程度，会极大地影响他们反馈的态度。人们越觉得管理者不听他们的话，就越有可能相信反馈是不诚实的。那些觉得管理者不听自己意见的员工，明显不太愿意收到消极反馈。

结论很明显。当管理者愿意倾听员工的想法时，绩效反馈的效果最好。

> **重要提示**
>
> 想一想反馈型会议的经典开场白："进来，关上门，我想和你谈谈。"想象一下把它改成："请进来，把门关上，我想听你说说。"

不管你是否从事管理工作，真实、简洁和具体的反馈就是最好的反馈。当然，只有当你认真倾听时，反馈才会具备这些品质。

给出反馈要选准时机。如果有疑问，问一下你的反馈是否合适，或者问一下说话者是否想继续。你可以问：

- 申请反馈许可；
- 说话者如何总结情况；
- 说话者认为的关键问题是什么。

只有这样，你才能开始自己的反馈。

平衡赞赏与批评

反馈分为两种：积极反馈和消极反馈。

我们通常认为，消极反馈比积极反馈更实际。我们可能会用"实际点吧"来为批评正名。我们可能会认为积极反馈，比如自己喜欢某个想法的哪些方面，是天真而简单的。多年的训练和批判性思维经验，教会我们不要去评论自己赞同或喜欢的东西。

其实，现实的积极方面可以和它的消极方面一样实际。对消极现实给予积极反馈，并不会扭曲我们对现实的看法，相反还会丰富我们对现实的理解。

> **重要提示**
>
> 你可以简单地问一下自己"这个想法有什么好的？"，来找到积极反馈的来源。你甚至也可以问说话者同样的问题，答案总会揭露一些你之前没有注意到的东西。这就形成了积极反馈的基础。

我们可以用"如何做"这个短语将消极反馈转化为积极反馈。例如，如果另一个人建议做某事，而你想说"我们没有资源来做"，那么你可以换一种说法，问："我们如何用有限的资源做这件事？"如果你想说"你还没把这个问题想清楚"，那么你可以问："我们怎样才能把这个问题理解得更加透彻呢？"

这两个简单的词所组成的"如何做"，可以对你的反馈质量产生神奇的影响。

> **练习**
>
> 花一天时间记录下你对别人想法的所有反应。你的评论有多少次是消极的，换句话说，就是表达出某事物你不喜欢的意见，或者说你认为这个想法有什么问题。有多少次是积极的，即表达这个想法的哪些地方让你喜欢，或者你认为它好在哪里。你如何将消极反馈转化为积极反馈？例如，你可以把批评变成"我们怎么能……"的问题吗？

> **本章小结**
>
> - 询问有七个关键技巧：
>
>   表现出你的重视；
>
>   切忌自视过高；
>
>   让气氛轻松起来；
>
>   不要吝啬你的鼓励；
>
>   只问高质量的问题；
>
>   避免信息轰炸；

给予积极反馈。

- 表现出你的重视：

认真倾听；

不要打断；

允许冷场；

把你的重视表现出来。

- 切忌自视过高：

说和听机会均等；

不要告诉他们该说什么；

不要以为你比他们更了解他们想表达的意思。

- 让气氛轻松起来：

找到时间；

给出空间；

消除干扰。

- 不要吝啬你的鼓励：

不要在谈话中竞争；

探讨意见分歧；

使用最少鼓励。

- 只问高质量的问题：

查明事实；

检查你的理解力；

帮助对方增进理解；

邀请对方审视你的思维；

请求行动。

- 避免信息轰炸：

不要打断；

适时干预；

筛选信息；

不要为了炫耀而提供信息。

- 给予积极反馈：

平衡赞赏和批评；

假定建设性意图；

反馈具体情况。

| 第五章 |

说服的诀窍

人们对说服能力的需求从未如此旺盛。任何人，只要能够赢得人心，都不会失业太久。

这种神奇的才能已经被研究了数千年。古希腊人称之为修辞学，现存最早的修辞学手册出自亚里士多德之手。在中世纪和文艺复兴时期，修辞学是欧洲中小学和大学课程的核心部分，例如莎士比亚的才华就得益于扎实的修辞训练。

修辞学告诉我们，说服在有意识和无意识中都起作用。我们可以把无意识的元素称为"影响"［万斯·帕卡德（Vance Packard）在其 1957 年出版的著名作品《隐藏的说服者》（*The Hidden Persuaders*）中，探讨了广告和媒体中的潜意识影响］。最成功的说服必定能产生巨大的影响力。

如今，学修辞学的人寥寥无几，但在影响和说服方面，这个伟大的传统仍然可以教给我们很多东西。让我们再次回到第一个问题——"我产生了什么影响？"，修辞学可以教我们如何运用各种不同的手段来说服听众。

性格、逻辑和激情

亚里士多德认为，说服是三种技巧的结合。演说家可以通过提高自己在听众中的声望或权威（在古典修辞学中，演说者几乎总是男性）、运用逻辑或者激发情绪，来达到吸引听众的目的。亚里士多德对这三种技能做了著名的命名：品格诉求、理性诉求、感性诉求。他在这里所指的是那些向大批雅典市民发表演讲的政治家、律师和将军等演说家。但他提供的模型对那些在会上发言的管理者，或者解答客户咨询的客服团队，同样具有指导意义。在这一章，我们将讨论如何说服听众，但当你的听众只有一个人时，这些说服技巧同样适用。

性格（品格诉求）

人们倾向于相信那些他们认为"品德优良"的人，也就是自己信任或尊重的人。品格诉求是一种建立信任和培养尊重的技能。你如果想发展这种技能，不妨问一问自己：听众凭什么要相信我？

亚里士多德认为，品格诉求本身包括三种技能。

第一，你要展现出你认同听众的价值观。如果你能表现出你的信仰、优先事项和态度与你的听众一致，那么他们就会觉得你是他们中的一员。

第二，你要展现出你具备实用的常识。古希腊人将常识称为实践智慧，并将其与哲学智慧区分开来。你如果展现出适度的观点，而不是激进或极端的观点，就会在听众中获得权威。你要表明，你对现实世界的运作方式有所了解，教科书上的解决方案在实践中并不总是有效。你要选择中间路线。

第三，你要证明你个人向你所论证的观点投入了心血。比如，为了使这项提议成功，你做了哪些努力。更具有说服力的是，你为此做出了什么样的牺牲。

所有这些品质都寄托着听众对你的期望。仅仅告诉听众你认同他们的价值观是不够的，你必须证明你也是这样做的。对一个群体适用的东西，可能对另一个群体而言具有颠覆性，是不可接受的。如果听众对你所致力从事的事业没有兴趣，那么你的品格诉求就会受到影响。

你要通过举例来证明你认同听众的价值观。如果你用抽象的语言谈论一个话题，听众就没有很大的动力去听，因为对抽象概念进行模式匹配是非常困难的。但如果你从自己的亲身经历出发，进行举例讲解，那么他们马上就会听得更加专注，也更加持久。

例如，与其关注实用主义的抽象概念，不如讲一个你如何根据实际情况调整规则，最后解决了问题的故事。或者你可以解释一下，你如何从犯过的错误中获得实用智慧（以及你如何纠正了错误）。坦率、真诚和弱点将大大提升你的品格诉求。

做出承诺也是如此。你可以承诺自己会按时完成工作，不过这种话谁都会说。但你如果向客户解释，你曾有一次工作到深夜，只是为了在约定的期限内把提案交给客户，就证实了这种承诺，并为自己的想法提供了实质的内容。

> 下次，当准备向管理者或团队提出理由时，你暂且把争论放在一边，记下你是如何能在你试图说服的人面前提升自己的品格诉求的。你怎样才能证明你认同他们的价值观？你如何表现出你具有实用的判断力并且节制有度？你如何表现出对自己的提议充满了责任意识？

逻辑（理性诉求）

相比无意识的影响因素，逻辑似乎是一种极其理性的有意识的活动。通过运用理性诉求，我们调动起观众的逻辑思考能力。我们通过一个案例来构建一个论点，并提供理由以支持这个案例。这个理由与案例有逻辑上的关联。

然而，逻辑从来不会在有意识的单一情境中产生作用。每一个论点都是基于假设，而这些假设从定义上看是无意识的。如果你的论点建立在听众不认同的假设之上，那么你用再多的逻辑论证也无法说服他们（关于逻辑的更多内容将在本章后面介绍）。

激情（感性诉求）

感性诉求通常被定义为对情感的诉求。每当人们通过模式匹配来理解某件事时，这种匹配就会带有情感标签。这种情绪可能不强烈，但都直接且简单，好或坏，喜欢或不喜欢，信任或不信任。人们会将这些情感标签贴到他们理解的所有信息上。

任何情感的功能都是告诉人们该做什么。具体来说，情绪会使人们不经过思考就采取行动，这就是为什么当被情绪控制时，人们会觉得自己受到推动［事实上，"情感"（emotion）这个词本身就包含了"运动"（motion）一词］。所以，特别是当想说服观众采取行动的时候，我们必须调动他们的情绪。这可能会让人感觉被操纵或不诚实，但如果我们忽视了这种感性诉求，我们的论点就无法完全衔接起来［《星际迷航》（*Star Trek*）中的斯波克在试图说服他的同事理性行事时，总是遇到这个问题］。采用修辞手法的目的，必须是激发与我们希望听众采取的行动相适应的那种情绪。

然而，激发情感并不等同于告诉听众应该去感受什么。例如，使用情绪性语言，比如"令人惊讶的"、"令人愤怒的"、"令人愉快的"或"不可思议的"等形容词，几乎总是会适得其反。人们总是小心翼翼地守护着自己的感情生活，当被告知要感受什么情绪时，很可能会触发一种防御机制。（"为什么我要生气？"）相反，你应该举一个例子或讲一个故事，让听众把相应的情绪表达出来。这就是感性诉求的作用。

影响力的六大原则

罗伯特·西奥迪尼（Robert Cialdini）教授在他的畅销书《影响力：说服的科学》（*Influence: The Science of Persuasion*）中提出了六种影响模式，它们都在无意识中起作用，其中任何一种都可以增强感性诉求。

互惠（Reciprocity）：古老的给予和索取（及再索取）

人都有一种强烈的愿望，就是要回报某种恩惠。你给听众一份礼物，或者一次让步，他们就会出于感动而去做你想让他们做的事情。

权威（Authority）：被指导的尊重

我们只要认可某人的权威，就很容易被他打动（在这里，感性诉求遇上了品格诉求）。

稀缺性（Scarcity）：少即是多

人们会争先恐后地去求取他们认为供不应求的东西。这种动力更多来自失去的可能性，而不是得到的可能性。你向你的听众指出他们可能会失去什么，就会引起他们的情感共鸣。

一致性（Consistency）：我就是我所说的

人们都希望现在的行为被认为和过去的一致。你要显示出你希望别人做的事情，与他们过去做过或说过的事情是一致的。

对齐（Alignment）：真理就是我们

人们的感受和行动，被自己所知道的周围人的感受和行动深深地影响着。说服一群人,往往比一个个地说服更容易成功。

喜好(Liking):我喜欢你是因为你正好和我一样

人们都愿意认同自己认识和喜欢的人。你要学会利用你与听众的相似性,比如你的行为、言语甚至你的穿着方式。

(用RASCAL帮助你记住这六种模式。)

感性诉求也能唤醒想象力。我们可以把想象力视为大脑的"现实生成器",它利用记忆想象出可能的未来,通常是把经历中不同甚至看起来不相关的事的模式匹配、结合起来。

事实上,想象有助于缓和情绪。它可以让听众的注意力从直接的情感反应中转移出来,激发他们更客观、更富有创造性地思考你的论点,比如看看现状中有什么可能性,想象一下你想要创造的那个未来。想象可以让听众成为你论点的共同创造者。

最后,感性诉求是为了在听众中创造一种认同感。你努力说服他们认同你的论点(作为共同创造者),认同你这个说话者(感性诉求在此时与品格诉求相连),也认同他们自己。至少在你说服他们的那一刻,感性诉求可以把你的听众聚集在一起,使他们融入一个情感和思想的共同体。

讲故事是把这一切融合在一起的简单方法。比利亚纳·斯科特(Biljana Scott)在给迪普洛组织(Diplo)的一篇论文中写道:

希腊人的感性诉求这一概念,尽管被定义为"诉诸情感以达到修辞效果",却倾向于在它的范畴内融入想象和同伴的痛苦感(感性诉求意味着"痛苦"和"体验"),这都是一个扣人心弦的故事的决定性组成部分。

事实上,正如我们将在下一章看到的那样,故事可以将亚里士多德提出的品格诉求、理性诉求和感性诉求这三大说服性诉求令人信服地浓缩在一起。

有什么了不起的想法

你想说什么?单个观点比一堆观点更容易说服听众,因为一个强有力的观点更容易让人记住。

你要花点时间去寻找那个了不起的想法。在脑海中开展一场想象的对话,并记下你可能要说的话。现在问三个问题:

- "我的目标是什么?"我想要达到什么目标?我希望看到什么?
- "我在跟谁说话?"为什么我要和这个人谈论这个目标?他们已经知道了什么?还需要知道什么?我想让他们做什么?什么样的想法有可能说服他们?
- "我必须对他们说的最重要的事情是什么?"如果只允许我和他们待几分钟,我会说什么?如果你只有几秒钟的时间来表达你那个了不起的想法,你会说什么呢(电影公司高管称之为"电梯游说"。想象一下,你和你的听众在电梯里,即在楼层之间待了几秒钟)?

> **重要提示**
>
> 用一句话写下你那个伟大的想法,并大声读出来。这个句子是否清楚连贯地表达出你想说的话?现在把它背下来!

现在测试一下你的伟大想法。如果你对听众说这句话,他们会不会问你问题?如果你们在争论一个观点,你会问"为什么?"你的伟大想法引出了这个问题吗?

有逻辑地排列想法

逻辑是把想法和论点结合在一起的黏合剂。就最基本的形式而言,论点包括三个要素:

- 主张(你所论证的观点);
- 理由(支持主张的陈述);
- 还有"原因"这个词。

所有的逻辑都凝聚在一个简单的词——因为里。

你回想那个了不起的想法。从逻辑上讲,这是你的主张。它会在你的听众中引发一个问题:"为什么?"你的任务就是为这个问题找到一个答案或者一组答案。你在寻找理由来支持你的主张。

例如，如果你的想法是我们应该投资 X 系统，其中一个原因可能是：X 系统是所有同类系统中最高效的一个。大多数商业论点都由一组原因来支撑，以应对那些高管可能会考虑到的所有关键因素。所以，你可以补充其他理由来支持你的观点：

X 系统是同类系统中最高效的。

X 系统比它的竞品更便宜。

X 系统能和现有的系统更好地兼容。

以这种方式构建论点，就像金字塔一样，把主张放在顶端，再配上一组支持它的理由，这是在管理中提出论点的好方法。当试图说服忙碌的人时，你先提出你的伟大想法，然后用理由来支持它总是很有效的。

找到依据

每个论点都是基于假设的。呈现和检验这些假设是构建一个有说服力的论点的关键步骤。

让我们用一个非常简单的论点来分析它。如果你说"要吃更多的蔬菜，因为它对你有好处"，"因为"之前的陈述是你的主张，其后的陈述是你的理由。

这个论点有多大的说服力？这取决于你想说服的人是谁。

在任何论证中，将主张和理由联系起来都是基于一个假设。如果我们同意"我们应该总是做对健康有好处的事情"这个假设，那么我们很可能会接受应该多吃蔬菜这个论点。例如，一个医学专业的学生可能会接受这个假设，但随后会要求用证据来证明蔬菜确实对我们有好处。相反，孩子可能会不认同"我们应该总是做对自己有益的事"这一假设，所以对他们来说，这种观点很可能没有说服力。

这种将理由与主张联系起来的基本假设，有时被称为论据。如果你的听众认同你论点背后的论据，那么你就很有可能说服他们。但如果他们不认同这个假设，那么这个论点就会立不住。事实上，无论是在家里、在媒体上，还是在职场上，许多合理的论点都无法成立，因为听众不认同这些论点背后的论据。这种不匹配在政治或宗教争论中最为明显，但也会在商务会议、面试和销售对话中出现。你如果在论证一个案例，就要密切关注它背后的假设。你的听众是否也认同这些假设？

表达你的想法

在表达自己的观点时，我们需要将论点的理性诉求的逻辑性与感性诉求的情感和想象力结合起来。图片会比语言更生动，比如你想让你的听众向动物慈善机构捐款，可以给他们看一张境遇悲惨的动物的照片（更好的办法是，带一只动物上台）。当然，感官诉求并不局限于视觉图像，想一想五种感官中的哪一种会对你的伟大想法做出什么反应。

具体的例子

也许，要让一个想法生动起来，最简单的方法就是提供一个具体的例子。听众与单个例子进行模式匹配，要比与大量统计数据进行模式匹配容易得多。一个好的例子也能展现出你对这个想法了如指掌，并且可以把它运用到现实生活中（品格诉求的一个关键元素）。你要找一个能展示你的想法被付诸实践的例子，或者它产生了真正的结果，不管是有用的，还是失败的。

有说服力的例子具有三个关键特征：

- 首先，它通常包括真实的人做的真实的事情。你能否举一个某人做某事的例子，来说明你的伟大想法？
- 其次，它包括生动的描述，能刺激五种感官中的一种或多种。这个例子听起来、看起来、感觉起来怎么样，或让你尝到什么滋味？
- 最后，有说服力的例子涉及感觉或情感。谈一谈这个想法让客户多满意，让你多么如释重负，使你多么激动不已。

使用比喻

正如我们在第三章结尾看到的，比喻是用一种事物来代指另一种事物。通过将一个话题与听者已知的东西联系起来，你搭建了一道模式匹配的桥梁，允许听众跨过桥，走进你的大脑。

你也可以扩展化使用这个比喻，来解释一个更复杂或不寻常的话题。你要仔细考虑选择什么样的比喻。例如，系统论大师之一的达纳·梅多斯（Dana Meadows）为了解释反馈循环，使用了往玻璃杯里倒水的比喻。你打开水龙头，看着杯子的水位上升，当它接近杯子顶部时，你会调节水流。当杯子满了，你关掉水龙头。我们可以把这个比喻扩展一下，以便我们更广泛地思考反馈循环。例如，当看不见玻璃杯，或者水流太快时，你会发现操作反馈循环更加困难。

为了找到正确的比喻，你可以从你的听众着手：

- 对于他们所知道的，你知道多少？
- 你希望他们通过理解这个话题能够做什么？
- 你想解释你的主题的哪些方面？
- 世界上还有什么东西具有你想要解释的特质？
- 尝试用比喻，看看你能把它延伸到什么程度。
- 回想你的选择。你是否让话题更容易被人理解？

记住你的想法

在印刷术出现之前,记忆在修辞术中起着至关重要的作用。由于没有现成的方法做笔记,也不容易拿到书,演说家必须记住要说什么,以及按照什么顺序说。因此,一整套记忆系统就被发明出来,来帮助这些演说家。

如今,也许除了应对考试,记忆之术已经被技术所替代。人们不需要记住什么东西了,只需要阅读和存储电子邮件,在手机上接收信息,插入、浏览和下载……

但在说服他人方面,记忆仍然发挥着重要作用。如果你不背诵一大堆笔记内容,就会更高效地说服别人。你要想办法把那些想法从纸上抽出来,装进你的头脑里。给自己一些清晰的思维路标,这样你就能找到从一个想法进入另一个想法的方法。在解释想法的时候,你可以找一种方法来展示它们,比如使用一个记事本、一张挂图、一个白板。

> **练 习**
>
> 下次你在准备一个论点的时候,找时间把它画出来。把所有的笔记都收起来,你凭记忆练习。找一张尽可能大的纸和不同颜色的钢笔或铅笔,把论点画成一趟旅程或者一个故事脚本(就像连环漫画,电影制作人用来绘制一系列镜头的那种绘

> 图）。你的目标是找到串联素材的单一路径。在路上设置一些难忘的停靠点：路标、建筑物、雕像、海报……现在用这些画来帮助你练习。

有效呈现

在说服过程中，你和你的论点一样重要。（品格诉求支持理性诉求。）如果你说的是一件事，而你的身体在说另一件事，那么没有人会相信你的话。

像往常一样，你从你试图说服的听众开始。他们喜欢轻松的、非正式的对话风格，还是更正式的、表演式的呈现方式？他们是对全局感兴趣，还是对大量的辅助性细节感兴趣？他们会不会提问？

有三组资源可以帮助我们进行论证。想想你使用的是：

- 眼睛；
- 声音；
- 身体。

有效的眼神交流

人们用眼睛说话比用声音说话更多，你要和听众保持眼神交流。你如果和不止一个人交谈，就要用你的眼睛看着每一个人。你要关注他们的眼睛，而不是上下打量他们。

用好你的声音

你的声音如果不是太高、太快或太细,那么听起来会更有说服力。说话时,你要对你的呼吸进行调节并强化,呼吸要深,还要慢一些。你要让你的声音更多地从身体发出,而不是从喉咙发出。你的声音越有质感,声音的传递越有分寸,你的话听起来就越有说服力。

你会在第七章找到更多关于呼吸的技巧。此时,你要试一试这个练习。

练 习

以下练习的是如何找到你声音的最佳版本[感谢卡洛琳·格莱德(Caroline Goyder)的练习]。把拇指放在肋骨分开的下方(如果你穿了文胸,那就在文胸背带上面的位置底下)。你正在触摸一层肌肉,轻轻地按摩它,直到感觉它变软。现在轻轻地拍一下那个点,让自己捧腹大笑,或者大声打哈欠。感受你的声音是如何降低,并且变得更放松。跳上跳下,并说话。感受一下你的声音是如何从你身体的中心发出的——几乎是从你的脊柱下部发出的。这就是你要寻找的声音。每个人都有这种声音,我们只需要找到它。一旦你完成了这个练习,试着唱出你想说的话。听一听你的声音在说话和唱歌之间是如何变化的。你的目标是把声音的来源定位在胸部和腹部之间,而不是你的喉咙。

有说服力的肢体语言

你的脸、四肢和身体姿势都有助于提高说服的整体效果。你要保持面部肌肉运动和颈部肌肉放松。你要用你的双手去画画,帮助你找到正确的词汇,以便充分地表达自己。当试图说服别人的时候,你不要坐着不动或使自己的身体封闭,也不要躲在桌子或讲台后面。你要让自己走到前台,敞开心扉,展示自己以及你的想法。

本章小结

- 说服的三种模式是:

品格诉求:唤起听众对我们的品格或声誉的认可。

理性诉求:诉诸他们的理性。

感性诉求:唤起他们的情感。

- 品格诉求通过以下方式吸引受众:

共同的价值观;

适度;

对一项事业的承诺。

理性诉求诉诸理性。

感性诉求诉诸情感和想象。

要找到伟大的想法,你可以这样问:

我的目标是什么?

我在和谁说话?

我要对他们说的最重要的事情是什么？

- 找理由回答"为什么"。

- 用金字塔原理组织你的论点：先有伟大想法，然后用理由支持它。

- 给你的论点排序，把伟大观点放在第一位，并用理由来支持它。

- 找出支持论点的论据，并检查你的听众是否认同这个论据。

- 为了更生动地表达你的想法，你可以用：
图片；

例子；

比喻。

- 为了记住你的素材，你可以使用视觉辅助工具，例如：
思维导图；

挂图；

白板。

- 为了呈现好你的想法，你可以：
保持有效的眼神交流；

用好你的声音；

让你的肢体语言有说服力。

| 第六章 |

故事及叙事技巧的运用

进入 21 世纪，企业讲故事开始成为一门大生意。例如，在领英（LinkedIn）上，2011 年将讲故事列为关键技能的营销专业人士不超过 5 000 名，而到了 2017 年，这一数字上升到 57 万。

为什么人们对故事的兴趣会突然高涨？这是因为他们在工作中面临着信息爆炸，而传统的沟通方式在效果方面越来越呈现出挣扎求生的颓势。借助频繁变换的 PPT 幻灯片、官方政策声明和内部通信部门激动人心的公告而展开的演讲，通常不受待见，还经常被忽视。

故事似乎提供了一种应对复杂性的方式。研究人员认为，我们更有可能记住一个故事，而不是一组统计数据。事实上，几千年来，领袖人物已经见识了故事的力量。政治领导人运用故事来赢得忠诚，并使他们的统治合法化。集团领导人用故事来创造一种群体认同感。军事领袖利用故事来减轻恐惧，鼓舞队伍士气。宗教领袖用故事来强化信仰，传授人生经验。

相反，商业领袖往往拒绝接受讲故事这个挑战。他们觉得公司里流传的许多故事都具有颠覆性，或者会产生十足的破坏力，这让他们提心吊胆。然而，不可否认的是，相比一本正经的使命陈述，八卦传闻和小道消息在增进共识方面更有效，也更立竿见影。

那么，我们该如何让故事产生奇效呢？

什么是故事

故事是一种对话形式，需要有讲述者和听众。讲故事的人将一系列事件串联起来，通常被称为叙事，在叙事中人物会采取一些行动来改变最初的境遇。随着叙事的展开，听众会通过共鸣、评论等形式间接参与并做出反应，从而为故事的完成做出贡献。在故事结束时，听众甚至会表达出赞赏之意。

一个令人印象深刻的故事有四个关键特征。

故事包含角色

其中一个角色可能就是我们。当然，我们也可能包括故事中的其他人。但角色并不一定是人类。它可能是昨晚跑到我们车前的那头鹿，或者是当我们赶着完成一篇重要论文时那台突然宕机的电脑，抑或是那个没能在烤箱里烤熟的面包。

角色总在行动

角色与自己的处境、环境或其他角色相互作用。叙述者会将这些动作组合成一个连贯的叙事。

故事一定包含紧张的时刻

故事有一个转折点和一个自身借以展开的"铰链"。主角，即主人公或英雄，遇到了一个问题，不得不去解决它，可能还必须做出一个生死攸关的抉择。

故事的结局必须有社会意义

一个没有寓意的故事是无法令人满意的。"那又怎样"是讲述故事的首要原因。

八卦包含了以上四种元素。如果你告诉我，今天早上在公交车上发生在你身上的那件事情，那么它就应该包含所有这些关键要素：

- 角色；
- 按叙事顺序展开的事件；
- 紧张的时刻，比如选择、冲突、需要克服的障碍；
- 决定和意义。

大多数八卦都是关于别人的。故事通常聚焦于一个不在场的角色的行动：除了叙述者或听众的其他人。反社会或不可接受的行为通常会成为故事的表现重点。因此,八卦有助于建立社会纽带,部分原因是它曝光并羞辱那些蔑视这种纽带的人。你不只是告诉我不在场的人做了什么,也告诉我这些行为对你来说意味着什么,并让我也有同样的感受。因此,故事巩固了个体之间和群体内部的关系,从而帮助人们强化社会价值。

事实上,从个人生活事件到各种笑话,从谣言八卦到都市神话,人们以故事的形式分享了大量的知识。讲故事是为了加强群体认同,并解释复杂的事件。人们通过小说、新闻、电影和肥皂剧等各种形式,尽情地享用着故事。很明显,故事中有些东西满足了一种非常深层次的人类需求。

练习

分析你今天讲的一个故事。挑一个简单的例子,并确定故事中的四个关键元素:

- 故事中的角色是谁?
- 叙事序列中的关键事件是什么?
- 故事中最紧张的"铰链"是什么?
- 这个故事想表达什么观点?
- 这个故事你讲得怎么样?你做了什么准备(也许你重建或组合了故事的元素,讲之前还在脑海中排练过)?
- 这个小故事的创作过程有多简单?

故事怎样起作用

故事如何产生奇效？

首先，故事锁定了人们的注意力。人的头脑中天然就有胡思乱想和做白日梦的倾向。故事抓住了这种幻想倾向，并因势利导。沉浸在一本或一套好书中，我们的头脑会变得平静，专注力集中而稳定，还常常能维持好几个小时。我们进入一种轻度催眠的状态，这有助于我们将信息，包括相当复杂的信息，嵌入记忆深处，以备将来使用。

其次，故事创造了一种强大的同理心。关于功能磁共振成像机器使用的研究表明，当我们沉浸在一个故事中，大脑的运作方式就像我们亲身参与到这个故事中一样。当男主角怒气冲冲的时候，听众的大脑就会显示出愤怒的迹象。如果一个角色哭了，那么我们可能也会泪流满面。人们似乎发现了这种感同身受是一种愉悦的体验，甚至愿意被那种恐惧的感觉控制，以便得到一种强烈的共情体验。

最后，故事是一种学习助力，它可以模拟各种经历，而不需要人们亲身经历一次。通过刻画一个人物如何克服障碍、对抗敌人或解决问题，故事帮助我们想象自己将如何解决同样的问题，而不必像主人公那样真的去冒险。从这个意义上看，故事有点像游戏：它激发出人们的想象力，从而用新的方式来看待现实，并同现实进行交互。

故事魔力的发挥具有社会性。这三种效果，即紧密而恍惚般的注意力、认同感、获得的学习成果，不仅出现在个人身上，还出现在群体之中。故事被描述为"创造适应性的集体感"，换句话说，故事创造了真正的对现实的共同理解。

这种产生共同意义的能力，让故事在群体发生突然或不可预见的变化时特别有用。组织内部的急剧变化、自然灾害、疾病暴发、外敌入侵等突发情况对社会认同感产生了威胁。一个好的故事可以重新建立共同的意义，加强团队内部的联系，并帮助团队生存和发展。

如何讲好一个故事

那么，如何让故事为沟通技巧增色？怎样才能用好叙事功能，从而更有效地吸引和影响别人？

> **练习**
>
> 你可能会觉得自己没什么故事可讲。这种感觉很常见，如果你从事的工作涉及大量的分析性思考，那么这种感受就会尤其强烈。但其实故事就在那里，而且人们一直在讲。有些故事被反反复复地讲述，最终成为组织文化的一部分，而有些则毫

> 无益处（这就是为什么那么多管理者害怕八卦）。
>
> 然而，要禁止讲故事是不可能的。不管你愿不愿意，人们都会讲述关于你和你的公司的故事。幸运的是，你可以帮助他们选择讲哪些故事。怎么做？先给他们讲故事。
>
> 现在就开始收集你自己的故事。需要注意的是，当一些令人难忘的事情发生时，比如那些能让你从中学到东西、能让你的同事增长见识的事情，你要把它们记下来。一个伟大的故事即将诞生。

以下是编写一个故事的过程，分为三个阶段：

- 选择信息。
- 选择角色。
- 选择结构。

这三个阶段源自同一个问题，那就是在每次交流时我们问自己的那个问题：我能产生什么影响？

选择信息

我们把它称为可以带回家的信息。这是一个故事的寓意，也就是我们希望听众在故事结尾时接收到的某种理念。它回答了那个关键的问题：那又怎样？对于你以及你的听众而言，这个故事的意义何在?

你要从思考你希望如何影响观众的思想、感受和行动开始。最明显有用的故事是案例研究,它们为概念或关键思想提供实际的例子。领导者通常被建议采用一个故事来设定组织的愿景,定义它的文化和价值观,或者帮助人们驾驭变化。

> **练 习**
>
> 当开始设计故事时,你可以问以下三个有用的问题:
>
> 1. 我想让观众怎么想?
>
> 在故事的最后,你想让观众知道什么?你希望他们如何以不同的方式思考这个话题?什么能让他们惊呼"啊哈"或发出"那又怎样"的疑问,即你希望他们的思维发生什么样的重要转变?
>
> 2. 我想让观众有什么感觉?
>
> 你想唤起什么样的情感或反应?你最想让什么感觉和你的主题联系起来?你想让人们满怀希望?怒气冲冲?暴跳如雷?信心百倍?惊恐不已?你想让他们积极主动、精力充沛或深受启发?想必你希望他们从头到尾都感到愉悦,而不是感到困惑或百无聊赖。
>
> 3. 我希望观众做什么?
>
> 你希望观众采取什么行动?你想让他们改变生活方式吗?

> 是否有一个具体的"待办事项"或下一步？他们需要改变什么
> 吗？最好的行动号召是清晰而简单的。

接下来，你要找到故事的主题。你大概知道你的故事是关于什么的，比如把"客户服务"当作故事的主题。主题（topic）这个词来自希腊语 topos，意思是"地方"。故事的主题是你就某话题的立场——你的观点，新闻记者可能会称之为话题的"角度"。

确定主题的一个快速而简单的方法是，创建一个以"如何"开头的短语。例如，如果主题是客户服务，那么我们可以选择：

> 一个配送中心如何重新定义"客户服务"这个概念。

你现在只要找到你的主题中表达"那又怎样"含义的句子。在这个例子中，信息可能是：

> 我们完全可以重新定义"客户服务"这个概念，具体方法如下。

选择角色

当叙事获得角色时，它就变成了故事。许多故事都以一个主人公为中心，它通常被称为英雄。人们对英雄高度认同，他们在选择、困难或障碍中的苦苦挣扎，帮助我们融入故事，并与英雄产生共鸣。

英雄可以是你。商业领袖在向员工发表演讲时，经常被建议讲一个他们中个人的故事，比如一个暴露他们某些脆弱方面的生活事件，因为比起罗列一堆战略目标，这对听众来说似乎更真实。此外，如果你的故事具有恰到好处的戏剧性，充满了战胜挑战和屠龙的情节，那么你的听众或许很乐意视你为英雄。你要仔细挑选故事，它如何增加你的可信度？回想一下我们在上一章节探讨的品格诉求：分享观众的价值观，表现出具有实用性而良好的意识和节制感，表现出对事业的忠诚。你的故事将如何呈现这些有说服力的元素？

事实上，要建立你作为故事叙述者的权威，最好的方法可能是将另一个角色提升到英雄的地位。在客户服务的例子中，英雄可能是一个团队成员，他提出了一种创新的方法来优化服务，可是在让他们接受这个想法时面临许多挑战（因此产生了悬念和紧张感）。你可以想象你的听众会如何认同这个角色，并在他们的努力中找到灵感。

但还有第三种可能性，即英雄可以是你的听众。如果你想影响政策制定者或决策者，那么这是一个特别好的主意。

想象一下，你正在向一个拨款委员会或资助机构申请资金。他们想要什么？他们希望别人怎么看他们？你的故事对他们有什么帮助？让他们成为故事中的英雄，可能会让他们觉得给你拨款是正确的选择。你，讲故事的人，只不过是在帮助他们实现目标。他们中的某一个人可以说是卢克·天行者（Luke Skywalker），而你是欧比旺·克诺比（Obi Wan Kenobi），那个智慧的向导或导师，可以帮助他们克服英雄旅程中的危险，最终赢得宝藏。

你的故事中可能还会有其他角色。谁是恶棍？谁是无助的受害者？在客户服务的例子中，反派可能是以牺牲质量来降低服务成本的竞争对手，当然，受害者可能是你的顾客。

选择结构

你的主题通常会为你的故事提供一个强有力的线索，其永远是线性的：开端、发展和结局。你，故事的讲述者，正在带领你的听众踏上一段旅程。这段旅程会把你们带到一个新的地方吗？还是离开家再回家？在我们的例子中，重塑客户服务的过程本身就包含了一个具有感染力的叙述。

讲故事的人经常谈论叙事弧线。弧线展现出故事从开始到结束的移动轨迹。它是一条弧线，因为它上升到一个最具张力的点，即本章前面讨论过的"铰链"，然后解决这种紧张关系。这个最紧张的时刻是叙事弧线上最重要的一点，故事的意义或重要性就产生在对这个紧张关系的解决过程中（当然，悬疑剧把这种结构运用得花样百出，它总是将观众置于最紧张的状态，并迫使他们在问题解决之前始终处于一种等待状态之中)。

以下是一个简单的四部分结构,你可以用它来构建叙事。我用 SPQR(这是罗马帝国时期的格言)来记住它。

情境(Situation)

你在设定场景时,可以把这句话定义为"很久以前……"。故事发生在哪里?故事是什么时候发生的?

问题(Problem)

有些事情发生了,情况变得更加复杂,紧张感导致叙事弧线中出现波峰。令人惊讶和意想不到的问题更容易吸引听众的注意力。它也许是什么地方出了差错,或者是什么东西丢了。也许是英雄被召唤去执行任务(任务通常是英雄旅程的关键组成部分),也许是反派想要挫败英雄的野心。当探索到叙事结构的这一阶段时,你一定要寻找机会制造悬念。那些制造问题却不提供解决方案的故事,更加令人欲罢不能。

终极问题(Question)

这是最具张力的点。英雄面临着一个看似无法战胜的困难,他将如何克服它?他将如何逃脱或迎接挑战?终极问题可能是一个选择:选择哪种解决方案,走哪条路。终极问题就是故事得以展开的"铰链"。

应对(Response)或解决方案(Resolution)

英雄的行动回答了这个终极问题。应对也是问题的解决方案。这时，紧张关系得以缓解，叙事弧线向它最后的静止点回落。英雄已经到达了旅程的终点，也许回到了家，比从前更悲伤，但却更明智了。世界已经改变了。应对或解决方案提供了最重要的"那又怎样"的元素，赋予整个故事以意义。

叙事弧线可能包含较短的弧线。例如，英雄的旅程可能包含一系列挑战，而每个挑战都有自己的弧线。

叙事弧线可以有不同的形状，但这些不同都基于相同的基本理念：朝着一个最大的紧张点不断积能蓄势，最后化解这种紧张状态。

练习：寻找情节

叙事弧线的变化产生了不同类型的情节。一些作家认为，故事情节的数量是有限的，但这些情节会不断重复。例如，你可能会从自己喜欢的各种故事、小说或电影中总结出来三种情节，并以其中一种为基础，展开自己的故事。

挑战情节：主人公克服了一个可怕的挑战并取得了成功。

关系情节：人们发展出一种关系，弥合了种族、阶级、民族、宗教、群体或其他方面的差距。

创意情节：某人取得了智识上的突破，解决了一个长期存在的难题，或以创新的方式解决了某个问题。

叙事在解释中的奇效

叙事提供了一个好故事的基本结构，但我们也可以把同样的结构运用在其他的交流方式中。工作中的大多数沟通都涉及解释或说服，而叙事在解释和说服中都有奇效。

你有没有发现自己有时很努力地解释某件事，却怎么也解释不清楚？在你看来再清楚不过的事情，对方却觉得无比费解。原因可能是无论你的解释多么清楚，都没有让听者在他的脑海中形成模式匹配。

人们用不同的方式解释事物，具体来说，共有六种不同的模式，它们可以帮助人们把事情解释清楚。有些模式是相对容易理解的，例如罗列案例（谁不喜欢项目符号列表呢？）或对过程中的各个步骤加以编号（比如说明书或写得很好的菜谱）。其他模式需要更仔细的思考，比如归类法、比较或对比法、清晰定义法。但有一种解释模式在所有解释模式中脱颖而出，其效用非常独特，原因在于它与叙事具有某种关联。

人类偏爱用因果关系来解释现实。幼儿很早就知道，如果他们从高脚椅上扔下一个东西，它就会掉到地板上。后来，我们知道只要按一下开关，灯就会亮起来。我们几乎总是忽略了这一切发生的技术过程，仅仅记得一个行为会引发另一个行为。一般来说，如果看到两个事件先后发生，我们倾向于认为第一个事件引发了第二个事件。如果听到或读到两个陈述，我们会假定第一个与第二个在某种程度上有因果联系。

人们对因果解释的偏好是我们在本书第二章探讨过的系统化驱动力的一个特征，它给了我们一种对环境的控制感。当这种控制感受挫时，对因果解释的偏好会特别强烈地发挥作用。如果按下开关，灯没有亮，我们就会寻找原因。我们甚至可能会下意识地认为，是某个有意识的主体故意引发了第二个事件。例如，我们可以说，汽车在一个寒冷的早晨"拒绝"发动，股价"努力"达到某个高位，或者一种疾病正在"抵抗"治疗。其原则似乎是：

我们如果找不到原因，就假设那是个人动机。

因果性和意图是每个好故事的关键驱动因素。所以，你如果想把某件事解释清楚，尤其是在面对一个非专业人士的时候，就可以运用因果关系模式。你解释中的关键元素可以扮演角色，例如一台机器或一款应用，哪怕是分子或化合物，都可以成为角色。你可以用人类行为来解释一个抽象概念，例如用投资者或银行家进行的买卖行为来解释一个复杂的金融概念。换句话说，就是找到故事。

好的叙事等同于说服

在前一章，我们讨论了如何用三种方式进行说服：要增强论点的逻辑，必须辅之以品格和情感的支撑。为了创造这种支撑，我们可以让观众准备就绪，来迎接这个"伟大的想法"：集中他们的注意力，帮助他们了解背景或创设情境。而将所有这一切整合在一起的简便方法，就是使用叙事。

让我们再来看一下前面讨论过的 SPQR 结构。

情境

你要简要地告诉听众一些他们已经知道的东西。情境陈述可以从过去的某个时间点开始（"十年前我们成立这家公司的时候……"），也可以从共同信仰开始（"我们都知道……""这里的每个人都认识到……"）。你是在表明你了解他们的处境，而且能理解他们的观点（这是对品格诉求的运用）。与此同时，你也表现出了对他们的认同（这是对感性诉求的运用）。

问题

现在你要找出一个在情境中出现的问题，这个问题在某种程度上使情况复杂化。有些事情可能出了问题，或者有了将出问题的征兆。有些情况可能已经改变了（或没有改变）。我们不知道该做什么，还可能面临一堆选项，我们必须从中做出选择。与情境不同，问题对听众来说可能是新信息，必须引起他们的注意。这是他们需要知道的事，理应成为他们的问题。

在这一点上，不要忽略感性诉求。消极的问题可能会引起恐惧或担忧，但机遇又能唤起一种兴奋的感觉。你不要回避这些情绪，而要承认问题引起的各种感觉。

终极问题

这个问题会促使你的听众提出一个终极问题，想必你肯定希望他们提的问题有助于传达你的伟大想法。你可以通过讲故事来最大限度地提高听众提这个终极问题的概率。

情境	问题	终极问题
稳定，同意现状	有点不对劲 可能会出事	我们该怎么办 我们怎么阻止它 我们如何适应它
	有些情况变了 有些事情可能会变 新情况出现了	我们该如何准备呢 我们能做什么 谁说得对
	有人持有不同的观点	我们该怎么办 我们如何选择 我们采取什么措施
	不知道该怎么办 可做的事情有很多	

应对或解决方案

你对终极问题的应对，就是你的伟大想法。你的听众现在应该准备好考虑这个想法了，因为它回答了他们提出的那个终极问题。

SPQR 是引入论点的一个很好的叙事框架，管理顾问经常运用它来组织对各种提案的介绍。其中的诀窍就是快速讲完一个故事，而不要用大量的细节来填充故事。

我们也可以用叙事来构建对论点的导入，甚至可以构建论点本身。这个技巧在我们做演示的时候特别有用，我将在下一章详细介绍这一点。

本章小结

- 故事是一种对话形式。它有四个主要特点：

故事包含角色；

角色总在行动；

故事一定包含紧张的时刻；

故事的结局必须有社会意义。

- 故事之所以有效，是因为：

吸引我们的注意力；

创造一种共情和参与的感觉；

帮助我们学习。

- 最重要的是，故事具有社交属性：它创造了人们对现实的共同理解。

讲一个好故事必须：

选择信息；

选择角色；

选择结构。

- 问一问你想在听众中唤起什么样的：

想法；

感受；

行动。

- 确定故事的话题、主题和信息。

确定故事中的角色，特别是英雄人物。

绘制出故事的叙事弧线：

情境；

问题；

终极问题；

应对或解决方案。

- 我们可以使用叙事结构来提升解释效果：围绕因果关系模式来构建你的解释。

我们也可以运用叙事来增强说服力：通过叙事结构来介绍一个论点，概述其背景或语境（再次使用SPQR结构）。

| 第七章 |
从容应对公开演讲

公开演讲应被视作一种正式的沟通。这种沟通基本上就是一种单向对话，遵循一定的规则：你在说话，而听众理应倾听；你掌控全场，听众跟随你的节奏。这不是一种最自然的对话。这就是挑战的开始。

> **重要提示**
>
> 现在很多人用"演示"这个词来代指幻灯片，事实上，对很多人来说，幻灯片就是演示。本章后面会提到制作幻灯片的说明，但你的演示内容并不是幻灯片本身。真正的演示应该是你，演示的目的是吸引听众的注意力。

最近美国展开了一项研究，旨在了解人们最深的恐惧是什么。有趣的是，死亡在恐惧排行榜上名列第七。排在第一位的，也就是比深水、经济困境、昆虫和高空更令人感到恐惧的，是公开演讲。

为什么公开演讲会导致焦虑？我想这是因为当对着一群观众说话的时候，我们就把自己暴露在公开审视之下。观众不仅会评判我们的想法，还会评判我们本人。他们可能不容易记住报告或电子表格，但肯定会记住一个看起来紧张哆嗦或不称职的演讲者。

那种紧张不安的感觉是由肾上腺素引起的，它是一种由肾上腺（靠近肾脏）分泌的激素。肾上腺素会引起动脉收缩、血压升高，并刺激心脏。为什么会刺激心脏？为了给你提供额外的能量。一个人什么时候需要额外的能量？处于危险的时候。

释放肾上腺素是应对威胁的一种进化反应。它是战斗或逃跑反应的一部分，可以帮助我们迎战或逃离威胁生命的险情。释放肾上腺素后，人体一般会出现脉搏跳动加快（以保持血液氧合良好）、瞳孔放大（以便看得更清楚）和手掌出汗（以便握紧武器）的症状。

肾上腺素激增还会产生另外两个影响：一是提高你的注意力，这在演讲时尤其有用；二是刺激体内废物排出，减轻体重，帮助你跑得更快。这就是为什么你在演讲马上要开始前去一趟厕所。

但最糟糕的是，观众几乎会完全忘记你说的所有内容。

这是坏消息。

好消息是，紧张可以帮助你更有效地展开演讲。它会提示你这次演讲很重要，而且你也很重要。一个高明的演讲者会让自己置身于舞台中央，所以你感到紧张就再合理不过了。事实上，你应该感到紧张，而你的任务就是把这种紧张情绪牢牢地掌控住。

> **练 习**
>
> 　　调整呼吸是舒缓紧张最好的方法。你可以找一个舒服的地方坐下来放松一下。放松肩膀，把手放在肚子上。如果可以的话，你可以用鼻子吸气和呼气，吸气数到 7，呼气数到 11。如果这些数字过高，那么你可以从较低的数字开始，比如 3 和 6，逐渐增加到 7 和 11。
>
> 　　呼气的时间要比吸气的时间长，这一点非常关键。检查你的肩膀，确保它们保持不动。检查你的双手，吸气时用手轻轻地将胃部向外推，呼气的时候回落。做这个练习的时候，闭上眼睛并集中精力数数，效果会更好（把这个练习和第五章的发音练习结合起来）。

　　保持呼吸稳定，以 7∶11 的节奏来控制吸气和呼气，这对镇定神经和减少焦虑非常有效。吸气可以加快心跳，刺激肾上腺素分泌，而呼气的效果正好相反，它会减缓心脏跳动和肾上腺素的分泌。人们在焦虑的时候，往往会吸气过多，因此采用 7∶11 的呼吸节奏可以逆转这种情况，让人们不那么焦虑。

准备阶段注意事项

这种紧张也反映了现场演讲的不确定性。古希腊人把这种特性称为"kairos",这个词翻译过来的意思大致就是"恰当时机"。

优秀的演讲者知道,他们的演讲会受到许多不可控因素的影响。观众的情绪无法预料,甚至连谁会坐在会场里都无法预见。你不能为任何可能影响演讲的突发外部情况做好准备,也不能为所有你可能会被问到的问题做好准备。

当然,这也是演讲最大的优势。你和观众在同一时间同一地点在一起,这是一个独特的时刻。你如果能像希腊人那样,将其视为一个机会,就可以把握这个"恰当时机"。

> **练习**
>
> 在你下一次演讲的时候,能影响这个恰当时机的会是什么?花一点时间,思考一下你将要面对的具体情况:观众的情绪如何,他们身上最近发生了什么事,哪些外部事件引起了他们的关注,你如何调整你的演讲来回应或解决这些问题?

用扎实的准备来支撑你的神经,你就可以把紧张产生的能量转化为表演的助力。你要做好以下三个方面的准备:

- 材料。

- 观众。
- 自己。

系统管理演讲材料

最重要的任务是抓住观众的注意力。

演讲失败的原因有很多,其中演讲者自顾自地说,不和观众交流,或许是最常见的原因。

另外,演讲者把材料组织得像文件一样,也会导致演讲失败。演讲不是做报告,也不是放一组幻灯片,而是需要构建一个叙事,带着观众踏上一段旅程,让他们专注于其中,去领略这一路上新鲜有趣、迂回曲折的风景。本书第六章探讨过的所有讲故事和叙事的技巧,都可以帮助你很好地组织演讲材料。

明确演讲目标

你为什么要做演讲?你最后希望听众去做什么?

对于影响和说服听众而言,演讲是一种理想的方式。总的来说,演讲并不擅长解释事物。需要再提一下的是,听众可能会忘记你所说的一切。所以,如果你在幻灯片上或其他任何地方塞满信息,那么结果只会适得其反。你如果要解释什么东西,那么可以试着找到一些有说服力的元素,为演讲注入激情和意义。你如果必须向听众提供详细的信息,那么可以把它放在辅助性的注释中。

我觉得你演讲的理由只有一个，它听起来可能很宏伟，那就是演讲应该给观众带来灵感和启迪。回想一下在第五章探讨过的关于感性诉求的所有元素，你的听众想要被感动、被吸引，并参与其中。最重要的是，他们希望能够认同你和你的想法，也想彼此认同，并且在这个演讲持续的短暂时间里，感受到彼此联结成一个共同体。你的任务是在听众中创造一种对你、对你的想法，以及对他们自己的多重认同感，从而激励他们去行动。

用一句话写下你的目标，这会帮助你：

- 明确思路。
- 选择合适的材料。
- 在计划结束时检查是否仍在解决一个明确的问题。

你可以用一个简单的句子开头：

"这次演讲的目的是……"

但你要确保"是"后面的动词是合适的励志词！

分析你的听众

如果听众觉得你是在直接和他们对话，那么你的演讲就成功了。如果你的想法能直接满足这些人的需求，他们就会更加全神贯注。你还记得在第五章探讨过的品格诉求吗？如果你能表现出对听众价值观的认同，重视实用常识和中庸之道，而且你所表达的想法是苦心孤诣的努力所得，那么你的听众就会尊重你。而他们一旦尊重你，就会更容易相信你。

所以，你要仔细分析你的听众。

- 人数多少？
- 他们分别处于什么状态？
- 他们愿意在那里听吗？
- 他们对演讲的主题已经了解多少？还需要了解多少？
- 你的信息和材料如何与听众产生关联？
- 这些听众是年轻人，还是老年人？他们主要是单一性别，还是跨性别？

听众对演讲者和他们自己都有一定的期望。他们希望你有能力主导演讲的节奏和方向，并保持掌控力。他们期望自己被引领，被告知去思考什么、感受什么，并作为一个共同体做出反应（他们肯定不希望你的演讲导致他们之间关系破裂、产生分歧和交恶）。

听众可以通过几种方式对演讲做出积极回应。他们可以打断你，比如提一个问题来进行反驳或质问，也可以通过笑或者鼓掌来做出反应。他们希望你能处理好这些反应。

构建核心信息

你一旦确定了主题，并对听众有了一定的了解，就可以设计材料了。

对于要传达什么信息，你必须用心构思。回顾一下我们在第五章讨论过的关于信息的提示，你的演讲信息必须：

- 是一个句子。
- 传达你的目标。
- 包含一个明确的思想。
- 不超过 15 个词语。
- 能抓住听众的注意力。

你要让你的信息尽可能地生动。在演讲结束后，一个有效的总结信息仍会在脑海中停留很长一段时间。

> **重要提示**
>
> 演讲的主题远远没有你要传达的信息重要。普通的演讲者会谈论一些事情，那就是主题，而出色的演讲者会向他的观众传达信息，永远专注于自己的信息。

创建表达结构

演讲者应该围绕核心信息创建演讲的结构。

你可以把亚里士多德的三种诉求模式视作一种结构方法（我们在第五章的开头部分讨论过）。

- 从品格诉求起步：在听众面前描述你的演讲资历。
- 用理性诉求推进：传达你的核心信息和少量的支持性观点

（传达出三个观点总是一个很好的目标）。

- 用感性诉求收尾：唤起观众的情感，呼吁他们采取行动。

如果你只有很短的时间来准备演讲，那么这种三部分式结构会非常有用。你如果有更长的准备时间，就可以把这个结构扩展成一个叙事。你要锁定你想要解决的问题，确定故事中的英雄人物，思考如何在你的材料的结构中制造惊喜并引入悬念（第六章中的所有观点都会对你有所帮助）。

门罗煽动序列

20世纪30年代，印第安纳州普渡大学的心理学教授艾伦·门罗（Alan Monroe）设计出一个模型，将三部分式结构发展为五步叙事序列。门罗认为："当面临问题时，人们总是去寻找解决方案；当有某种欲望或需要时，人们会想方设法来满足。"门罗的煽动序列就是利用人们这种满足需求的欲望来构建的一种演说结构。

第一步，抓住观众的注意力。你可以问一个问题、讲一个故事或引用一段话。最重要的是，说出或做出一些令人惊讶的事情。在这个时候，观众就会问自己："这个演讲要做什么？会发生什么？"

第二步，说服听众认识到他们正面临一个问题。他们可能已经知道这个问题，你要表现出对此十分关切，这会让他们更加认可你的品格。或者，你向他们提出一个新的、令人感到震惊的问题，制造一种不满和不适感，让他们感觉到这个问题需要解决。

到了此刻，听众就会对自己说："这个问题很严重，我能做些什么？"

第三步，展示你的解决方案。这个方案将如何解决问题？这是你这场演讲的核心，此时理性诉求就该出场了。你可以建立一个金字塔结构（第五章介绍过），把你的关键信息介绍清楚，并辅以少量的关键论点来支持它。你可以一边讲解，一边总结你的想法，这样听众就不会听得云里雾里。在这个时候，他们会想："很显然这就是解决方案，但它在实践中如何发挥作用？对我有什么影响？"

第四步，设想一下未来。你要激发听众的想象力，唤起他们的感性诉求。你可以描述一下如果人们什么都不做，世界将会是什么样子，或者描述一个采用了你的解决方案的世界，或者两者都做。这时，观众应该会大声喊："告诉我们该怎么做！"

最后，也就是第五步，呼吁大家行动起来。你要让行动变得简单，而且如果可能的话，立即行动。你不要忽略感性诉求：人都是根据自己的情绪行事的。所以，你希望他们采取什

> 么行动，就努力唤起与行动相对应的那种情绪。
>
> 在近90年的时间里，门罗的煽动序列为演讲者提供了很好的帮助，它适用于很多不同的主题。最重要的是，它帮助我们利用叙事结构来设计与听众直接对话的演说材料。

写在卡片上

最优秀的演讲者不需要任何提示就能侃侃而谈。他们的口才看似自然生成，他们仿佛没有任何准备就能出口成章、妙语连珠。

你千万不要被这种表象迷惑了。这种从容不迫的表现是经过精心策划和反复排练生成的。我们也可以把这种炉火纯青的演讲境界作为努力的目标，即使没有完全实现也不必太过遗憾。在无笔记演讲前，你可以考虑写下演讲的全文，借用自动提词器（它会在半透明的屏幕上显示你的演讲内容）来朗读，或者在卡片上做提示。这三种方法都既有优点，又有棘手之处。

一篇演讲稿可以让你对演讲实现完全的控制。你不必再结结巴巴地说话了！运用演讲稿，你可以仔细选择你使用的每一个词，并以秒的力度来精确安排整场演讲。但是，你可能不太擅长阅读演讲稿，因为那些文字可能会顽固地停留在纸上，无法在实际演讲中得到自如应用。

自动提词器可以把你从低头阅读演讲稿的负担中解放出来。

在接受提示的同时，你可以上下左右环顾会场四周，让自己的演讲更有活力。

大多数演讲者喜欢在卡片上写提示。最好是用档案卡，用你能找到的最大尺寸的档案卡。卡片有许多重要的优点。

- 它不像纸那么容易摇晃，也不会发出沙沙声。
- 它在形式上更加小巧。
- 它让你的双手可以握住一些有真实感的东西。
- 使用卡片让演讲看上去更专业。
- 写卡片会让你的笔记简明扼要。

卡片上只能写一些简短的笔记、原因和重要线索，所以你必须迫使自己在演讲的时候积极思考自己在说什么。这样你的演讲听起来就更有说服力了。

使用提示卡片的挑战在于，你必须在演讲的同时，思考自己该说什么。你可能会迟疑停顿，不自觉地冒出"嗯"和"呃"等语气词，可能会发现自己在使用一些烦人的习惯用语或毫无意义的词汇（一些演讲者甚至没有注意到这种情况，直到好心的同事告诉他们）。为了防止在演讲中发生这类事情，你可以有意识地进行一些训练，让自己在思考该说什么的同时能够保持安静。

你写提示笔记时要用钢笔或签字笔，并用粗体字。只在一面写字，并按顺序给卡片编号。内容包括：

- 你必须说什么。

- 有助于展现演讲主旨的内容。
- 你如果有时间，可以说些什么。

让卡片的内容简洁到一目了然，并带着它们进行排练，这样你就能熟悉内容。别忘了用标签把它们粘在一起！

> **练 习**
>
> 　　下次准备演讲的时候，你可以找时间把它画成一张图。把你的笔记收起来，全凭记忆开展演讲。找一张尽可能大的纸和不同颜色的钢笔或铅笔，把演讲的过程画成一个旅程，或者一个故事脚本（就像连环漫画或电影制作人用来绘制一系列镜头的那种图画）。你的目标是为演讲材料绘制单一路径。你要在停靠地点沿路放置一些方便记忆的东西，比如指示牌、建筑物、雕像、招贴画等。现在，你用画的导图来帮助自己进行演讲排练。

PRAISE法：为演讲增添情趣

　　激动人心的演讲能让想法鲜活起来。在这一方面有一个著名的故事，讲的是一个小女孩说她喜欢收音机里的戏剧，"因为画面更生动"。幻灯片上的图片可以看起来非常清晰真实，但是你用演讲在听众脑海中创造的图景，往往更加生动而富有感染力。

　　以下是激发听众想象力的六种方法（PRAISE法）。我们可以用它来帮助记忆。

- 箴言（Proverbs）以令人难忘的方式陈述思想。你可以让你的核心信息或主要观点听起来像广告歌或政治口号。你的听众会很乐意在演讲结束时引用它们。

- 共鸣器（Resonators）通过将想法与生动的图像进行模式匹配，让想法具有生命力。这些图像包含大量的感官信息，可以产生令人愉悦的视觉、听觉、触觉、味觉、嗅觉感受或情感。如果有人参与其中，它们就会特别有效。你可以找到具体的例子来说明你的想法。

- 注意力吸引工具（Attention-grabbers）能抓住或重新抓住听众的注意力。制造惊喜和悬念是吸引注意力的好方法，修辞手法也是如此。措辞的变化，或者以不同寻常的方式组织语言，可以使想法清晰呈现，并令人印象深刻。最常见的修辞手法有隐喻、对偶（对比）、反问和三元系统。

- 影响力源（Influencers）可以让你的想法充满权威性。你可以通过你的职位头衔、经验或行为来展现这种权威性。如果你能说明信息的来源或作者具有权威性，那么信息就会获得可信度。演讲者经常通过引用名人名言来增强其观点的影响力。

- 正如我们已经看到的，故事（Stories）比最权威的统计数据还要有说服力。人们相信故事，认同故事中的角色，并和他们一起面对挑战，不管它多么奇幻。一个人的故事往往比大量精心记录的证据更有说服力。

- 正如我们已经看到的那样，情感（Emotions）对我们的影响比理性论证大得多。人类的行动受情绪控制。让你的论点充满情感，它会触及大脑中那些逻辑无法触及的部分。

练 习

> 确定一个在不久的将来你想要论证的伟大想法。在一张纸上写下每个运用PRAISE法的例子：箴言或俗语、引起共鸣的例子、注意力吸引工具、影响力源、故事及情感元素。

设计视觉效果

"PPT致死"是一个熟悉得令人担忧的短语。现如今，有太多的商业受众患上了PPT疲劳症，而造成这种疲劳症的主要原因是演讲者没有恰当地使用幻灯片。

简而言之，演讲者应该在幻灯片上展示图片，而不是文字。

幻灯片是可视化的，擅长提供无法用语言传达的信息。不然的话，为什么不用其他方式来进行视觉展示呢？其中的道理再明显不过，而那么多的演讲者却都忽略了，这着实令人惊讶。但如果我们看一看幻灯片节目的推广方式，这一问题的原因就更清楚了。

计算机制作的幻灯片作为商品进行售卖，是为了给演讲者提供便利。演讲者都知道可以用幻灯片准备和组织他们的演讲，也可以用幻灯片做笔记。

换句话说，幻灯片的这种功能总在诱导人们把文字放到幻灯片上，而不是图片上。

事实上，计算机生成的幻灯片不是早期 35mm 幻灯片的进化版，而是一种更古老的技术——黑板的衍生物。但与黑板不同的是，幻灯片在讲话者说话之前显示文本，而不是在讲话者说话的时候显示文本。观众被迫在同一时间阅读和倾听，而且常常是不同的内容，最后这导致两方面都无法做好（这种令人不安的影响被心理学家称为"认知失调"）。更重要的是，因为在说话之前屏幕上已经闪现了一段文字，所以演讲者完全破坏了任何带来惊喜或期待的可能。

幻灯片还会导致叙事弧线变得扁平化。当我们制作了一张又一张充斥着文本的幻灯片时，演讲结构中逐渐增强的紧张感或危机感就被冲淡了。

更糟糕的是，幻灯片会拉低演讲者的演讲水平。他们会觉得自己不得不"对着幻灯片说话"（很多演讲者确实是这样做的），这破坏了他们与观众之间的联系。演讲者不再演讲，他们的声音已经变成了画外音，这会导致听众的注意力不集中（想一想当老师转过身在黑板上写字时，学生们通常会做些什么）。因为演讲者不是在黑板上写和说，所以他们无法确切地决定自己该说些什么：是应该把幻灯片上的内容念出来（它可能太简短、太模糊了，不能产生任何意义），还是把它改头换面，重新解释一遍

（从而增加观众的认知失调）？

当然，幻灯片还是有用的，但它应该是辅助你的演说，而不是直接取代演讲。

- 删除文字。除非你想对一段文字展开讨论，否则它就不应该出现在幻灯片上。
- 运用图像。照片、地图、图表等任何形式的图像都可以，只要它简单明了，并且有助于你陈述观点。
- 制造视觉上的不和谐。幻灯片上的图像所展示的内容，应该少于观众需要理解的内容，而你作为演讲者，可以通过你的表达来化解紧张气氛。

你如果一定要在幻灯片上展示文字，就把它们弄得足够大，以方便观众阅读，并且幻灯片上文字的数量不要超过你希望观众能够阅读的量。

然而，更好的做法是关掉投影仪，专注地进行一场演说。

排练

排练是对实际情况的一种检验。让我感到惊讶的是，居然有很多演讲者认为，他们可以不经过排练就直接开始演讲。而真相是，你怎么排练都不足以应付真正的场面。排练可以帮助你记住你想说的话，把握好时机，还能帮助你控制紧张感。

排练如何取得成功？演练失败是常有的事情，我们一遍又一遍地想象哪些地方会出错。相反，当把演讲过一遍的时候，你要精确地想象自己该做什么、说什么，想象自己会把这一切做得非常出色。你要想象自己自信而雄辩地侃侃而谈，想象听众在聚精会神地倾听你说的每一个字，并在你演讲结束的时候，对你致以热烈的掌声。

排练要及时，不要略过。你要和同事或朋友一起排练，如果可以的话，要在实际演讲的地方至少排练一次。

排练能让你在真正表演的时候从容自如。你一旦对材料烂熟于心，就能更好地专注于你在演讲中应该做的事情：对着观众说话。

> **重要提示**
>
> 演讲多长时间比较合适？这个简单的答案是：要比你想象的更短。不管你的发言是否被要求达到一定的时间，如果没有任何形式的休息，那么你的目标是不超过20分钟，因为很少有观众希望演讲能长一点。

怎样让听众对你言听计从

你和听众的关系才是真正重要的，比你说什么重要得多。他们会忘记你说的大部分内容，但会记住你。

记住，你是在表演。你的整个身体都参与其中，因此你必须意识到你的身体在做什么，这样你才能控制它，进而控制你的听众。

运用眼神交流

人们用眼睛说的话，要比用声音说的更多。你用眼神告诉听众，你对他们很在意，你知道自己在说些什么，也相信自己所说的话。

你要用眼睛来控制听众，让他们始终处于监视之下。想象一下，一束似灯塔发出的光从你的眼睛里射出来，扫视着听众。你要确保光束能够射进这个房间里的每一双眼睛。你要花几秒钟的时间把注意力集中在每一双眼睛上，并与其目光相遇。

注意面部表情

脸上的其他部分也很重要。记得，要保持微笑。你要让你的表情充满活力，把所有东西都放大一点，这样哪怕坐在房间后排的人也能"读"到你的脸。

保持合适的手势

你要找到对你来说很自然的手势。你如果擅长做手势，就不要让自己的双手僵硬得一动不动。你如果不经常做手势，就不要强迫自己做芭蕾舞式的动作。你要保持你的手势呈开放状态，让它们远离你的身体，并面向演讲的房间。你不要把你的双手交叉放在背后，也不要把它们过多地放在口袋里（在演讲前最好清空你的口袋，这样就不会有硬币或钥匙叮当作响了）。

适宜地走动

演讲应以静态为目标，但这并不意味着你应该一直站着不动。在房间里四处走动，可以表明你正在把这个房间变成自己的空间。但有节奏、重复性的走动会让人厌烦，因为这容易让人联想到关在笼子里的黑豹迈着神经质的步伐。你尽量不要摇晃你的脚，也不要让你的腿打结，努力让双脚尽可能地着地，并放慢你的动作。

舞台上的自我观照

哪怕做好了万全的准备，当正式演讲的时刻临近时，你仍然会感到紧张。记住，这些紧张情绪是来帮助你的。你如果已经准备得很充分，就可以利用这些紧张的神经去应对现场表演的不确定性。

在某些情况下，你在演讲开始之前先和观众见个面，并与他们聊几句是很有用的，因为这可以打破僵局，也可以让你更放松。

你可以调整一下自己的声音。在练习呼吸的同时（我们已经在本章前面部分讨论过 7：11 的呼吸方法），你要注意你嘴部周围的肌肉，以便清晰地表达你想说的话。你可以尝试说几段绕口令或唱一首最喜欢的歌曲。你要好好地琢磨一下演讲的内容，让你的舌头和嘴唇真正地活跃起来，并做好演讲的准备。

> **练 习**
>
> 　　有一个非常简单的练习能让你的口腔肌肉活跃起来，那就是把你的舌头尽可能地伸出嘴巴，然后说出演讲内容的一部分，并试着尽可能地把辅音发清楚。你只需要这样做大约30秒，就可以让你的声音进入状态，并让它变得更清晰。当然，当你这样做的时候，你看起来会很傻，所以最好在一个私密的地方做这个练习。

如何高水准地回答问题

许多演讲者对提问环节的担心并不亚于演讲本身。以下这些指导方法可以让提问环节不再是一种磨难，让你轻松应对：

- 确定何时回答问题。提问环节很可能安排在最后，但可能你更喜欢在演讲过程中回答问题。后者在操作上更难，但有助于改善你与观众的关系。无论如何选择，你都要向观众说清楚你的计划，并告诉他们你希望他们如何提问。
- 预测最有可能被问到的问题。这些问题可能是你很容易预见的"常见问题"，但其他问题可能来自演讲中的特殊情况。

- 安排一个提问的"卧底"。在演讲结束的时候，观众可能会犹豫，在想自己是否要第一个提问来打破僵局。你可以安排一个已经准备好问题的人来启动这个环节。
- 回答要简洁。你一定要让自己言简意赅。
- 回答要诚实。你可以隐瞒信息，但不要撒谎。观众中肯定有人能够看穿你是否在撒谎。
- 面向所有观众征集问题。你要确保问题来自演讲会场的各个部分，以及不同的"社交区域"。
- 面对所有观众回答问题。你不要让一个观众提的问题诱导你开展私人谈话，而是要确保所有观众都听到了问题。
- 你如果不知道，就实话实说。你要告诉观众为了解答这个问题，下一步你打算怎么做。

本章小结

- 做一场成功的演讲意味着要控制好：材料、观众、自己。
- 材料准备注意事项：明确演讲目标、分析你的听众、构建核心信息、创建表达结构（门罗煽动序列）、写在卡片上、为演讲增添情趣（PRAISE法）、设计视觉效果、排练。
- 为了掌控听众，你需要做以下工作：运用眼神交流、注意面部表情、保持合适的手势、适宜地走动。
- 为了在舞台上更好地自我观照，你需要注意：调整呼吸、表达清晰、有策略地回答问题。

| 第八章 |

把灵感变成佳作

写作仍然是职场上最重要的沟通方式之一。咨询师兼作家劳拉·布朗（Laura Brown）在 2016 年开始的 5 年时间里，对数百名企业高管进行了调查。其中，89% 的受访者表示写作仍然非常重要，96% 的受访者定期写电子邮件，超过一半的受访者撰写报告和提案。

劳拉·布朗的调查揭示了商业作家面临的三大挑战：

- 38% 的受访者告诉她，他们觉得自己需要提升写作速度。
- 38% 的受访者希望自己的文章"更有吸引力"。
- 36% 的受访者反馈了一些东西，这使他们的写作更加简洁。

有些管理者显然觉得自己很无能，以至于完全避开了写作。这并不奇怪，因为写得怎么样会反映出这个人怎么样。人们评判我们的作品，其实是在我们不在场的时候对我们评头论足。我们的写作风格可能会让别人对我们是什么样的人产生错误印象，而且不管你愿不愿意，如果文章中有错误，那么读者不会对那个写文章的人有好感。

写作的技术手段正在迅速变化。人们在纸上阅读得更少，而在屏幕上阅读得更多。当然，大多数时候，我们根本不是在写作，而是在印刷。屏幕和计算机生成的字体在作者和读者之间制造了障碍。这里存在一个悖论：一边是社交媒体鼓励我们把写作视为一种沟通方式，而另一边是科技正在让写作变得越来越缺乏个人特征。

那么，我们怎样才能通过写作来更有效地沟通呢？我们如何使用电子邮件、报告和其他文件来增进共识？

像读者一样思考

请体谅一下你的读者。他们持续性地受到各种书面信息的轰炸：电子邮件（可能每天超过120封）、社交媒体上的通知栏标题和文章、时事新闻、宣传册、项目更新、意见领袖论文……

阅读是一项艰苦的工作，它会消耗大量的脑力和体力。此外，不像说和听，阅读不是一种自然活动，而是一项必须经过有意识的学习才能掌握的技能。

所以，要提升写作质量，我们必须像读者一样思考。

像读者一样阅读的三种方法

- 大声朗读你写的东西。它容易读吗？你能一口气读完一个句子吗？在阅读的时候，你像平时的你吗？

- 检查并确保所写的内容无误。在发送邮件之前，你要留出一点时间，再检查一遍。所有的内容都说得通吗？需不需要再加点什么东西，以帮助读者理解？有没有发现明显的错误？

- 让朋友或同事阅读你写的东西。理想情况下，你要选择一个对你所写的内容了解得尽可能少的人，并请他找出他无法理解的地方。你要让他们大声朗读文章，看看他们在哪些地方读得磕磕绊绊的。任何不能被顺畅朗读的部分，都意味着你需要改进或调整。

阅读的三个阶段

当我们还没有意识到自己正在阅读的时候，阅读，尤其是成功的阅读，已经历经了（至少）三个阶段。

首先，我们必须认识和理解字词。第一阶段从来不像它听上去那么简单，因为许多词汇有多种含义，甚至有些词汇在形态和发音上都很相近［例如，原则（principle）和校长（principal）］。

第二阶段通常被称为"句法处理"。在这个阶段，我们根据句法规则赋予单词以意义，句法就是一个句子中关于单词顺序的规则。在"我们进行了一次调查"这个句子中,"调查"(survey)一词被赋予了一个意思(严格来说,我们认为它在这个句子里是一个名词)。而"我们每年对会员进行一次调查"这个句子赋予了"调查"(survey)一词另一个意思(严格来说,我们认为它在这个句子里是一个动词)。

第三阶段时常被称为"推理构建"。在这个阶段,我们将从文本中识别出的含义与我们已知的含义(可能是基于已经读过的内容)进行对照,并借此推断出一个整体含义。例如,下面这个句子:

威廉意识到,他必须打破这把锁才能脱身。

我们如果已经知道威廉是一名囚犯,或者是被绑架的受害者,就可以推断这把锁是一个金属物体,可能用来防止威廉把门打开。但如果有人告诉我们威廉是一名摔跤手,我们就会推断这把锁是他的对手对他的控制,而这句话的意思也就截然不同了。

阅读契约

你的读者在和你订立一份契约:他们愿意在一定时间内,对你的文字付出一定的关注(请注意,这是一种"付出",因为关注是对读者脑力的一种消耗)。他们是否愿意与你签订这份契约,取决于阅读你的文字能给他们带来什么样的潜在利益。一些读者的阅读实际上是一种浏览,例如在智能手机上查阅电子邮件,或快速翻阅一本杂志。他们的注意力持续时间很短,而且他们很容易走神。其他读者的阅读则是探究性的,例如仔细阅读一份详细的报告,或研究一份白皮书。他们愿意投入更多的精力,但希望获得更可观的阅读回报。

事实上,读者的注意力很可能在这一段连续光谱的两个极点之间来回跳跃:浏览和探究。他们如果在浏览时发现了一些感兴趣的东西,就可能会开始仔细阅读,即探究性的阅读。他们如果在探究的时候没有找到想要的信息,就会停止阅读,继而开始浏览。

在注意力光谱上,不同类型的写作往往居于不同的位置。电子邮件和传单、宣传册、信息页、杂志文章、博客文章和网页一样,都位于浏览的一端。报告与会议记录、提案、研究论文和学术论文位于探究的那一端。

当然,在网上,不同的工具可以帮助人们进行这两种类型的阅读。浏览器帮助人们在互联网上快速浏览(那些诱人的标题经常引诱我们驻足逗留)。搜索引擎通过将用户输入的关键词与网页上的文本进行匹配,帮助人们找到需要的东西。浏览器和搜索引擎在本质上是注意力管理工具。

作为一名写作者,你的任务就是处理读者与你订立的那份契约。他们是在浏览,还是在探究?你希望他们在阅读后做什么?你的写作如何帮助他们做到这一点?成功的写作总是在努力回答同一个问题:我能给读者带来什么影响?

给阅读减负

你的读者如果觉得阅读起来困难重重,就可能会做以下三件事中的一件:

- 首先,他们会放慢阅读速度。如果你幸运的话,他们会试着再次拿起你的作品来读。
- 其次,他们会试图从你的文章中断章取义,而且很可能产生误解。
- 最后,他们会变得不耐烦,并放弃阅读。

你肯定不希望你的读者做这些事,而是想让自己的作品尽可能地简单易读。为了达到这个目的,你可以采取以下三种方式:

- 创建有用的阅读路标。
- 有效地构建和排列句子。
- 使用熟悉的词汇。

使用路标

当读者浏览你写的内容时,他们会寻找能帮助他们理解内容的蛛丝马迹。任何能提供这种线索的东西,就是阅读之旅中的"路标"。事实上,我们不仅可以把路标看作线索,还可以将其看作暗示,因为设计巧妙的路标可以帮助读者理解写作语境。

标题是最明显的路标。那些精心设计和放置合适的标题,能让人一眼看出文章的内容，它们为读者了解正文做好了准备。更好的结果是，把标题变成提要。标题揭示文章的主题，而提要则告诉读者你在说什么。标题就像文件夹上的标签，例如第三季度（Q3）的销售数据。而正如报纸上的新闻提要所示，提要是用来表明观点的，例如第三季度销售额增长了50%。

电子邮件的主题栏非常适合展示有意义的提要。你可以把电子邮件的主题栏想象成"消息栏"，在这一行写上你要传达的关键信息，以方便读者在打开邮件之前就明白你想要告诉他们的内容。在邮件主题方面，你要注意重新编排主题栏中的信息，以便它继续与邮件的内容保持一致。

在更长的文档中，你要建立标题和副标题之间的层次结构。这些标题合在一起可以作为材料的非正式大纲，帮助正在搜索的读者找到他们需要的东西，也可以吸引正在浏览的读者，让他们继续往下阅读。

我们可以在段落中使用同样的路标原则。你可以用每段的第一句话来总结本段所传达的内容，这句话通常被称为主题句，而段落中的其余部分则用来扩展或支持主题句所示的要点。组成章节的各个段落的主题句，就是这一章的内容提要。你的读者只要阅读这些主题句，就能理解文章的大意。

你可以通过三种方式找到主题句：

- 你可以先写一段话，然后找到那个能够概括这段话的句子。

- 你可以问一问自己究竟想通过这一段说明什么，写下你的主题句，然后构建一个段落来支持它。
- 很多时候，你也可以将一个段落的最后一句话锁定为主题句。你可以把结束语移到段落前面，看一看它作为主题句的效果如何。

> **练习**
>
> 找一找本书中的主题句。从每一章取一部分，按顺序阅读每段的第一句话。这些主题句合起来，就应该是对这部分内容的总结。你如果发现某个章节的主题句写得不够好，那么可以看一看你是否能够改进我写的内容，但请让我知道。

路标在帮助读者的同时，可以帮助你成为一个作者，路标帮助你决定你想说什么。通过标题、提要和主题句的写作，你可以确定自己想要传达的信息和要点。

抓住读者的注意力：好好使用句子

在俘获读者的注意力后，你还需要把这一状况维持住。句子是你紧紧抓住读者之心的主要武器。正如广告撰稿人罗伯特·布鲁斯（Robert Bruce）所言："你写的每一句话都应该让他们想读你写的下一句话。"优秀的作家会思考他们的句子是如何运作的，无论是每个句子单兵作战，还是发挥整体效能。要了解句子是如何运作的，就意味着你必须掌握一些关于句法和语法的知识。(句法是指单词在句子中的排列方式。语法是支配句法的一套原则，有些人称之为"规则"。)

句子结构的技术细节或许很难掌握，但大多数人都有能力辨认出一个句子。(英文)句子开头用大写字母，在结尾处使用句号。

> **如何结束一个句子（或不……）**
>
> 句号有两种替代性选择：问号（？）和感叹号（！）。但这两者都要慎用，尤其是要严格限制感叹号的使用。一个未完成的（英文）句子用三个点标记（...），称为省略号。

句子如何运作

一个句子传达一个观点。当读到一个句子的时候，我们会本能地想要尽快知道它传达了什么观点。我们会问自己："这句话在说什么？"

句子可以通过三种方式传达信息（就目前而言，让我们把事情简单化）。

- 它可以做一个陈述：

现代消费者关心环境。

我们的剃须刀有六个镶钻刀片。

我们让日常空间变得更明亮。

- 它可以提一个问题：

你是在找用钱就能买到的最好的婴儿车吗？

你为什么要把钱投资到我们这里？

你在家里安装新的安防系统了吗？

- 它可以发布指示或命令：

探索塞舌尔群岛蓝绿色的海水和奇异的生物多样性。

快来模型星球（ModelPlanet），享受你的人生！

想象一下，你如果把所有数据都放在一个地方，那么可以把农场管理得多么好。

"故事中的角色"

当读到一个句子的时候，我们会本能地认为它是在讲一个故事。此外，就像读任何故事一样，我们希望尽快知道关于这个句子的两个要素：

- 这句话是关于什么或谁的？
- 它在做什么，或者他们在做什么？

句子所描述的事物或人物，是由其主语来透露的。而它或他正在做什么，或是什么，是用动词来表示的。

最好的句子主语就像故事中的人物（回想一下我们在第六章关于故事的讨论）。通常，把这个角色放在句子的开头是最好的。如果你以一个人物在做某事来开始一个句子，那么你的句子读起来会更像一个微型故事，读者理解起来也更容易。

角色可以是你想象中的任何卡通人物。它可能是一个人，比如你、我、顾客、农民、学生……也可能是一个组织，比如麦当劳、英国广播公司（BBC）、拯救儿童会（Save the Children）……还可能是一个物体，比如汽车、咖啡机、本书……甚至可能是最近的一项研究、我的电子邮件或附上的提案等，这样的短语也可以充当一个角色。

句子中的主角有时候并不明显，它可能潜伏在句末，甚至在句中。你如果还无法确定，就想一想："谁是这个句子的主角？"把它放在句子的开头，然后从那里开始重建句子。

例如，下面这个句子就没有主角：

决定将在周五做出。

这个句子产生的效果让人感觉很正式，而且相当有距离感。而"董事会将在周五做出决定"这个句子引入了一个主角，并产生了故事的意味。当然，我们可以找到一个更有力的动词，使这个句子的风格更加非正式，例如：

董事会将在周五做出决定。

选什么词为佳

英语的词汇量很大。它是在许多其他语言的基础上发展起来的，法语、拉丁语以及来自北欧和其他地区的大量语言，都是英语发展的源头。因此，英语通常有两个或三个词的意思基本（或大致）相同。我们可以尝试（try）或努力（endeavour），可以开始（start、begin）或着手（commence）做某事，可以预测（anticipate）或预见（foresee）。

不同的词语会产生不同的效果。我们可以将这些效果放在另一个光谱上，称之为"风格光谱"，它的一端是正式风格，另一端是非正式（或普通）风格。非正式词汇是说话时最常使用的词汇，而正式词汇的使用频率往往较低，它们听上去更专业、更复杂或更学术化。

选用什么样的词最好？这取决于你希望自己的作品在风格光谱上处于什么样的位置。出于历史原因，英语中的长词会比短词更正式。如果想表达"我预计这个项目将圆满结束"的意思，那么用"I anticipate that the project will conclude successfully"要比"I expect the project to end well"更正式。

许多写作方面的权威，尤其是那些提倡使用简明英语的权威，都主张人们应该多用短词，少用长词。这种倡导是有一定道理的，因为就"咀嚼"这个含义而言，更多的人容易联想到的是"chew"，而不是"ruminate"。但有时候，较长的单词具有更加确切的含义，比如在上述的例子中，沉思（ruminate）是一种特殊意义上的咀嚼。较长的单词比较短的单词能更准确地传达意思，比如在科技类写作中，或者当我们给母语不是英语的读者写信时。你要多用短词而不用长词，但不要想当然地认为较短的单词永远是更好的选择。

让你的写作生动起来

人们经常对我说："我不是一个好作家，因为我边说边写。"事实上，边说边写或许是一个作家最值得发展的技能之一。好的写作确实会和我们"说话"，而我们也几乎不会注意到自己在阅读。我们会觉得作者在和我们进行一场对话，这才是我们应该努力实现的写作。

让写作充满活力是一个持续性的挑战。我们可以通过以下方法来培养自己的技能：

- 利用注意力最高点。
- 控制句子的长度。
- 形成个人风格。

利用注意力最高点

就像一个好故事一样，一句话也有开头、中间和结尾。和故事类似，开头和结尾也是句子中最重要的部分。正如我们所看到的那样，一般规则是，把主语和动词放在尽可能靠近句子开头的位置。读者越快找到主语和主要动词，就越容易理解句子：

我们［主语］想念［动词］你。

客户［主语］可以信赖［动词］我们在这一领域四十年的经验。

人工智能［主语］让机器能够［动词］根据它们从数据中学到的东西来解决复杂的问题。

但在任何一个句子中，最引人注意的地方都是结尾（就像我们总是想知道故事的结局一样）。所以，你要把最重要的元素放在句末，它也许是你想在下个句子中谈论的新观点。例如，在这个非常简单的句子中，最重要的单词由于放在中间而失去了重要性：

生活就像一阵旋风，这是常有之事。

我们如果把"旋风"这个词放在最后，就赋予了它真正的力量：

有时候，生活就像一阵旋风。

读者已经准备好读下一个句子了（生活像旋风的感觉体现在哪些方面呢？）

使用注意力最高点——句子的结尾，可以帮助我们排列句子，使它更有意义，也能帮助读者继续阅读下一个句子。

控制句子的长度

当然，为了开始阅读下一句，读者需要能够轻松地读到第一句的结尾。句号可以使你的写作充满活力，它不仅标志着一个句子的结束，还提示着下一句的开始。当句子变得更长、更复杂时，它就会失去活力，你的读者也是如此。

控制句子的长度要遵循"15—25"的原则。主题句和其他表达核心思想的句子的长度应该控制在 15 个单词左右，其他句子的长度不能超过 25 个单词（如我所说，这是一个指导性原则。有些句子越长越有效，特别是在你需要传达复杂信息的情况下。当然，非常简短的句子也能产生强大的冲击力）。一个句子如果过于复杂，就需要被简化，你要把长句子拆成较短的、组织有序的句子。

形成个人风格

在写作的时候，你要想象一下你在和自己的读者说话，并准确地写下你想对他们说的话。你会发现自己在很自然地根据读者的偏好来调整写作风格。一些读者（特别是进行浏览性阅读的那些读者）希望使用简单、直接的语言，而其他读者（尤其是探究性阅读的读者）可能需要更复杂的写作风格。

以下三个因素会影响写作风格的品质：

- 被动动词和主动动词。
- 抽象名词。
- 冗词赘句。

使用被动动词，还是主动动词

动词分为主动动词和被动动词。主动动词表示其主语主动采取的行为，被动动词表示其主语被动承受的行为。

该报告由索拉撰写。

索拉撰写了这份报告。

在句子中使用被动动词，会使你的写作显得更正式，而使用主动动词则会使写作变得更加非正式。一般来说，相比被动动词，我们更喜欢使用主动动词，但也不要排斥被动动词。使用被动动词来组织句子，可以实现以不同的方式强调一个观点的目的，而当你不知道或者不想透露某种行为的施加者时，它会很有用。使用被动动词没有错，但是使用主动动词肯定有助于让你的写作生动起来。

什么是"抽象名词"

名词命名事物、人物、时间、地点或品质。具体名词指的是以物理形式存在于世界上的事物（比如桌子、女人、钢笔、汽车、树），抽象名词指的是不能以物理形式展现的想法、概念或品质（比如增长、意识、测量、营销、功能）。使用抽象名词会使你的写作更加正式。许多抽象名词都是较长的单词，并有标准式的结尾，比如"-ion"［翻译（translation）、操作（manipulation）、规范（specification）］、-ment［移动（movement）、管理（management）、替换（replacement）］、-ence 或者 -ance［治理（governance）、维持（maintenance）、优势（predominance）］、-ity［酸（acidity）、权威（authority）、优越感（superiority）］。

为了使写作更正式，你可以在句子中添加更多抽象名词。为了使写作不那么正式，你可以用动词或形容词替代抽象名词。如果替代一个抽象名词的唯一方法是使用一组单词，那么你可以考虑保留它。

我需要哪些词

有些词对意思表达贡献不大，但对展现语气却很重要。"We do these tests every week"（我们每周都做这些测试）和"We perform these tests on a weekly basis"（我们每周都做这些测试）意思相同，但毫无疑问，第二个版本听起来更专业、更令人印象深刻。使用高级词汇和添加词汇，会让你的写作更加正式。如果你把它们去掉，那么你的文章"听起来"会更直接，也更像"口语"，但也可能不那么礼貌。一般来说，如果你能用更少的词来传达更丰富的内容，那么你的写作品质会提高：

  这种安排的好处是节省了咨询费用，并使新用户有机会在掌握他们工作的同时，很方便地学习这种系统。

  这种安排节省了咨询费用，也方便了新用户利用在职时间学习和掌握这种系统。

练 习

  选一封你不久前写的邮件，重新写一遍，将它的风格转向写作风格谱系的一端或另一端。试着写下和原先那封邮件完全一样的内容，尽量不要改变它的意思。你注意到重写的内容了吗？你觉得读者会对新版本有什么反应？

本章小结

- 要提高你的写作技巧，从像读者一样思考开始：大声朗读你写的东西；检查并确保所写的内容无误；让朋友或同事阅读你写的东西。

- 阅读（至少）分三个阶段：
  第一阶段，我们必须认识和理解单词。

第二阶段通常被称为"句法处理",即我们根据句法规则赋予单词以意义,句法就是一个句子中关于单词顺序的规则。

第三阶段有时被称为"推理构建",我们将从文本中识别出的含义与我们已知的含义进行对照。

- 你的读者和你的写作订立了契约。他们可能正在浏览或探究。

他们的注意力很可能在这两种活动之间跳跃。

以下方法可以使阅读变得更容易:

创建有用的阅读路标。

有效地构建和排列句子。

使用熟悉的词汇。

- 路标可以是标题、提要或段落的主题句。

一句话总能表达一个意思。为了使你的句子更容易理解,你可以让主语扮演故事中的角色,然后让动词表达故事中的角色在做什么。

选择哪些单词要考虑清楚,特别是如何选择长单词和短单词。

以下方法可以使我们的写作变得更加生动:

利用句子中的注意力最高点。

控制句子的长度。

形成个人风格。

- 句子最引人注意的地方是结尾处。

你把你想要强调或继续谈论的词放在句子末尾。

控制句子的长度遵循"15—25"原则。

要想形成个人写作风格，你可以从以下三个方面着手：

正确选用被动动词和主动动词。

合理使用抽象名词。

减少冗词赘句。

| 第九章 |

从话不投机到相谈甚欢

在职业生涯的某个时刻，每个人都必须经历一场艰难的对话。就像人们说的那样，这和边界有关。任何关于提高沟通技巧的书籍，都能帮助你战胜那种艰难的对话（当然，我们在工作之外也不得不进行一些艰难的对话。本书关注的是职场上的沟通，但我们在此讨论的沟通技能同样适用于私人交谈）。

以下这句话可能错误地引用了托尔斯泰的名言：所有愉快的谈话都是相似的，所有艰难的对话各有各的艰难。对话能够顺利进行，通常是出于类似的原因，比如融洽度很高，谈话双方在说同一种语言，对话的目的很明确。相反，话不投机的原因却多种多样。有些原因是可以预测的，而多数原因则完全出乎人们的意料。

六种话不投机的对话场景

霍利·威克斯（Holly Weeks）在她的《沟通失败》（*Failure to Communicate*）一书中列出了六种类型的艰难对话，你可能对此并不陌生。

- 我有一个坏消息。在某些时候，每个管理者都需要告诉别人一些他们不想听的话。
- 你在挑战我的权威。在某些方面，与前面的对话相反：你需要向你的管理者提出一个问题，而你担心他可能会觉得受到了威胁。
- 我讨厌这样的对话。如果你是厌恶冲突的人，那么你可能会尽量避免艰难的对话，这会让它变得更艰难。
- 你赢我输的零和博弈。你想要合作，而另一个人却坚持要引入竞争，并且他想要赢。
- 发生了什么事？一场平静的谈话突然间充满了负面情绪。也许是一句无心的评论被完全误解了，给这场沟通带来了灾难性的后果。
- 我遭到了攻击。谈话中的一方突然开始指责、大喊、威胁或辱骂。

是什么让对话如此艰难

三种情况会让原本就已经艰难的对话雪上加霜。第一种情况是，我们觉得自己不明白究竟发生了什么，这种感觉有时是突然出现的，让人措手不及，特别是当我们不知道为什么谈话中的另一个人会若无其事的时候。第二种情况是，情绪占据了上风，影响我们的判断，还误导我们采取了各种于事无补的策略。艰难对话的第三个关键特征——冲突，就包含在这些策略中。

上述三种情况中的任何一种都会导致沟通变得更加艰难。

不确定性的迷雾

当人们无法理解正在发生的事情时，对话就变得艰难起来了，尤其是在人们发现自己读不懂对方的意图时。因此，人们会对这些意图做出种种假设，而这些假设往往又采取可预测的形式。大多数情况下，人们都会推卸责任。

事实上，归罪于他人是人们在面对不确定性时的一种完全自然且可以理解的反应。它源自本书第六章探讨过的人们对因果解释的偏好。面对自己无法理解的情况，人们倾向于认为它是由某人或某事物故意造成的。我们会把自然灾害归咎于神灵，构建阴谋论来解释那些非常惨重的悲剧。甚至在没有明显责任人的情况下，我们依然会归罪于他人，比如对着宕机的电脑大喊大叫，对着爆掉的轮胎踢上几脚。在对话中，当我们无法清楚地理解某种行为时，指责是一种很自然的反应。

> **重要提示**
>
> 当发现自己在责怪别人的时候，你可以试一试以下这些策略中的一种或多种。你不要再归纳总结是什么让情况变得不同？你不要给对方制造麻烦，你要把问题和人分开，你和他们谈谈。

在无法读懂他人意图的同时，我们发现，要弄懂对方对我们所说的话的反应，也是困难重重。通常情况下，我们可以运用心理学家所说的心智理论，通过解读他人的行为来推断他们的想法和感受。在一场艰难的对话中，从对方的手势、面部表情和口头反应中获得的信息无法综合起来，因为它们令人费解或者充满了矛盾。明明有些东西不太对劲，但我们就是弄不清楚那是什么。

情绪激发

在面对这些不确定性时，人的大脑往往会做出情绪化的反应。

你可以把你的大脑想象成一座三层办公楼（这种对大脑功能三位一体的解释，明显是简单化的处理方式，但仍然非常有帮助）。在基底（通常被称为脑干）有身体重要功能的控制系统，比如心率、呼吸、体温、平衡等。在大脑的底层，实际上是在大脑的中心，是边缘系统，其相当于所有进入大脑的信息的接收区域。位于边缘系统"前台位置"的是杏仁核，我们可以把它想象成一个安全官员。杏仁核负责一个非常简单的工作：对传入的信息进行模式匹配，并以情感标签的形式给它发放一枚访客徽章。如果来访者是受欢迎的，那么杏仁核就会把信息发送到大脑的顶层——新皮层，对这些信息进行更精细、更聪明的考量。

但是，杏仁核如果认为这些信息不受欢迎，就会将其标记为危险信息，就像发出安全警报一样。安全警报发出后的第一件事，理所当然就是关闭电梯。危险信息不再穿梭于楼层之间，也不会被细致、聪明地考量。边缘系统会切断所有与新皮层的神经连接，并调动各种情绪来应对这个威胁。我们将这个过程称为情绪激发，用《情商》(*Emotional Intelligence*)一书的作者丹尼尔·戈尔曼（Daniel Goleman）的话来说，是边缘系统劫持了新皮层。这是一种生存机制，它可以帮助我们无须思考就能应对某种情况。

当然，问题在于这种情绪激发只会让原本艰难的对话变得更加艰难。这些情绪，比如恐惧、愤怒或尴尬，无一不在告诉我们要采取行动，现在就要做些什么，不要停下来思考。边缘系统将我们的选择减少到了只有两个：要么逃跑，要么战斗到底，并由此得名——战斗或逃跑反应。

战斗心态

谈话中，如果有一个人正在面对"战斗或逃跑"的抉择，那么谈话很可能会变得困难。另一个人可能不得不想尽一切办法来降低情绪激发，并取消大脑中的安全警报。但在面对攻击性行为时，大脑的边缘系统往往会对威胁做出反应，此时霍利·威克斯所说的战斗心态就形成了。

战斗心态把谈话当成一场战斗。每一个动作都会被视为一种无端的攻击，而我们的大脑此时被锁定在边缘安全警报中，唯一可用的策略就是防御或攻击。战斗心态会造成真正的伤害，因为严重的情感创伤会给工作关系留下永久的伤疤。

艰难的对话又是如何变得更艰难

不确定性、情绪激发、战斗心态这三个要素会共同起作用，在彼此之间创造一个自我强化的恶性循环。随着事态逐渐失控，我们越来越感到无力干预。我们也想过要去挽救这场对话，甚至能够看到哪里出了问题，但我们不知道该怎么做。相反，这个恶性循环控制了我们的行为。

首先，正如我们所见，人们总是把问题归咎于对方。在责备他人的时候，我们总觉得自己是无辜的。这种天真的假设可能会成为霍利·威克斯所说的"善意的错觉"，即认为艰难的对话不应该发生在我们身上，因为我们本意纯良，而且总是尽力做到最好。这是一种错觉，因为它没有考虑到我们将如何影响他人的行为。结果是，我们逃避了对谈话失败所负的责任。我们为自己辩解道："我们的行为是他人行为的必然结果，而且这个结果只能是由他们的行为导致的。"

其次，情绪激发导致人们过度简化问题。简化思维是人类情绪的主要功能之一，它使我们更容易选择要做什么。事实上，不是人在选择做什么，而是情绪在做选择。

结果是，为了应对过于简化的问题，我们强行选择了一个过于简化的解决方案。情绪迫使我们进行非黑即白的思考，要么这个，要么那个，不是好的，就是坏的。我们可能会努力让自己在两者之中任选一个：同意或不同意、按你的方式或按我的方式、接受或离开。或者我们会采用笼统的策略：当我们讨论这个问题时，总会发生这样的情况，它总是不好的，但我们总是这样处理它。

再次，战斗心态决定了一整套策略。战争只有两种结果——赢或输，因此一旦有了战斗心态，我们所走的每一步都是以胜利为目标的。例如，我们可能会注意到对方在使用霍利·威克斯所说的"阻挠策略"。根据她的描述，使用这些伎俩的目的是"让我们退缩，让我们的对手占据上风，或者完全退出对话"。

阻挠策略各式各样，有些是防御性的，有些是进攻性的，有些两者兼而有之。这些策略可能包括：

- 突然哭起来。
- 把贬损的话当作笑话，一笑置之。
- 请求履行外部职责，无法停下来交谈。
- 出人意料地转换话题。

最成功的阻挠策略都有一个共性特点，那就是难以理解。我们绕了一圈，又回到了艰难对话的第一个关键特征：不确定性的迷雾。阻挠策略给对方增加了不确定性,这就是我们使用它的原因。更糟糕的是,当识破了一个阻挠策略时,我们通常认为自己知道对方为什么要使用它。当然,我们可能是错的。对方是故意的,还是无心误解了我们所说的话?他们是在推托这个问题,还是在转换话题?他们是情绪低落,还是在装腔作势?

改善话不投机的三个步骤

我们如何打破这个循环?考虑到艰难对话的复杂性:不确定性的迷雾、情绪激发、战斗心态,我们能不能找到便于记忆和执行的、足够简单的策略?

霍利·威克斯建议,这种策略应该从尊重三方开始。我们应该尊重自己、尊重对方、尊重谈话本身。

自尊首先意味着关注我们自身的需求。

> **人类的需求**
>
> 人人都有必须满足的需求,这样才能有效地发挥生而为人的作用。在这些需求中,有些是生理上的,还有一些是心理上的。
>
> | 生理需求 | 心理需求 |
> | --- | --- |
> | 空气 | 安全感 |

水	关注
营养食品	自主权和控制感
睡眠	与他人的情感联系
感官刺激	群体归属感
体育运动	友谊、乐趣、爱、亲密关系
住所	社会场合的地位感
安全	胜任力和成就感
	含义和目的：

- 需要我们的人
- 自我延展活动（心流；注意力高峰体验；处于"专注状态"）
- 融入大局

如果有一方觉得对话中的某些东西威胁了他的某种需求，那么对话就会变得很艰难。你如果感觉到了阻力，那么无论是在你自己身上，还是在别人身上，都要问一问自己："哪种需求在此受到了威胁？"

这种人类需求模型的建立基于乔·格里芬和伊万·泰里尔开创的人类吉文斯方法（Human Givens approach）。

自尊意味着满足我们的需求。这些需求中最重要的是：

- 胜任力：我们做自己擅长所做事情的感觉。
- 自主性：我们掌控自己生活的感觉。
- 亲缘感：我们与他人之间的联系感。

（"CAR"记忆法将帮助你记住这三个核心需求。）满足自己的需求，并不意味着要忽视他人的需求，也不意味着必须使用阻挠策略来保护自己的需求。一种策略只能在短期内保护我们，而自尊则意味着了解我们需要更充分、更深入地满足自己的需求。

尊重他人，意味着承认他有和我们一样的需求。尊重他人，并不意味着我们必须认同他的观点或向他做出让步，也不意味着我们应该喜欢他。这仅仅意味着我们应该认识到，每个人都有自己的需求和利益。

当然，他们的所作所为在一定程度上是对我们的言行举止所做出的回应。这对他们来说可能是极其重要的，例如不能丢脸，即不感到尴尬或公开受到羞辱。因此，尊重他人也意味着要充分懂得自己的行为会如何影响他人的自尊。（我起了什么作用？）这需要我们更深入地了解我们自己的行为。因此，尊重自己和尊重他人是相辅相成的。

最后，尊重对话意味着要认识到它的本质：艰难。霍利·威克斯建议，我们应该将艰难的对话视为一个需要导航才能抵达的目的地。她写道："与其埋头苦干，不如后退一步，从卫星上观察一下这片土地的地势，这样效果会更好。"我们正在寻找一条捷径，来克服这场对话中可能出现的各种障碍。

这种尊重三方在实践中如何发挥作用？我们能做什么？

我们可以先考虑一下对话发生的背景。你需要对这些问题采取行动吗？

- 时间。这个时间合适吗？对话的背景是什么？
- 地点。你是在一个舒适、安静，而且也许最重要的是，私密的地方吗？

如果你选择了合适的时间和地点，那么谈话就更有可能产生理想的结果。我们还可以尝试其他策略。

但我们确实需要确定应该做些什么，因为要改善一场艰难的对话不太可能靠运气。不确定性的迷雾、情绪激发和战斗心态这三个影响因素会形成一个相互强化的循环。我们可以从循环中的任何环节开始行动，但我们需要从某个环节开始。只有我们可以选择行动。我们无法预测他人的行为，也无法直接控制他的行为，但我们可以通过自己的行为来影响他的行为。这取决于我们。

清除不确定性的迷雾

我们如果想在艰难的对话中减少不确定性，就需要更多的信息。我们需要运用我们能够学到的所有询问技巧。

一个良好的起步是摒弃指责。正如我们所见，指责就是在鼓励我们相信对方怀揣着敌对的意图接近我们。我们如果简单地推翻这个假设，就为获取信息开辟了新的可能性。

摈弃指责要坚持的原则是，假定对方的意图具有建设性（我在第四章末尾提及了这个策略）。假设对方所做的事情和所说的话，都是因为好的理由，即对他们来说有意义的理由。他们努力在某种程度上满足自己对胜任力、自主性或亲缘感的需求。同时要假设，他们可能并不确切地知道，他们为什么在做他们正在做的事情。

即使在一场充满了混乱的艰难对话中，你也有可能做出这个非常简单的举动。但是，你如果事先练习过这种技巧，就更容易假定对方的意图具有建设性。

练习：假设推定意图

当很放松，能够观察别人的行为而不感到威胁的时候，你试着这样做。（会议是做这项练习的好机会，你可能会观察到两个人在讨论一个问题，而你自己却不用直接参与。）值得注意的时刻是，当有人不同意某一言论或表现出反对的意图的时候，你可以问你自己一个问题："他们有什么理由去抵制或反对呢？"你可以用我们提到的三种需求来测试你的想法：胜任力、自主性和亲缘感。有没有可能这些需求中的某一个正在受到威胁？如果你参与了这次谈话，你是怎么知道的呢？

下一步是提问题。推理阶梯是真正强大的信息收集工具。回顾一下第三章,你会发现很多问题可以帮助你顺着推理阶梯的台阶往下走,探究另一个人言语背后的信念和事实。

我们经常在进行对话时就知道这会很困难。在这些情况下,我们可以规划提问策略,以帮助自己清除不确定性的迷雾。其中的诀窍是准备好大量的问题,并准备好随时改变提问方向。你要做好规划,但不要照本宣科。

减少情绪激发

错综复杂的情绪可能是人们在艰难对话中遇到的最大障碍。虽然我们把情绪看作艰难对话的第二个要素,但在取得任何进展之前,首先需要解决的就是情绪激发问题。

为什么情绪会让人丧失能力?因为它会阻碍人们清晰地思考。这是它的自然功能(这一点值得重复提及),情绪告诉我们如何不假思索地行动(回顾第五章关于感性诉求的解释:情绪促发行动)。艰难的对话,比其他任何对话都需要我们进行清晰的思考,而极端、消极的情绪会阻碍清晰的思考。

我们怎样才能减少情绪激发?在试图影响他人之前,请先研究一下自己。第一步是专注于你的呼吸。做几次深呼吸,争取让呼气的时间比吸气的时间长,这种方法被称为 7∶11 呼吸法。

> **重要提示**
>
> 你可以在本书第七章找到练习7∶11呼吸法的方法。

在听别人回答你的问题时，你应该有充足的时间来调整呼吸，而如果你连调整呼吸的时间都没有，那么这说明你说得太多了！

现在，让谈话的速度慢下来。让我们复习一下第三章关于时间管理的内容。减慢谈话节奏的一个非常有效的方法就是，调整你的声音，包括降低音量、降低音调和降低语速。这样做可以对对方产生不可思议的影响，因为一种舒缓的声音效果是很难抵抗的。但是这种技巧必须练习，这样你才能在有需要的时候使用它，毕竟艰难对话的情绪会对你不利。

你可以在几秒钟内改变你的呼吸和声音。现在把注意力集中在对话的用语上。你如果重复和转述别人说过的话，就会释放一些情绪。

例如，如果对方说"销售目标太高了"，你就可以这样解释："让我把这点再明确一下，你是说销售目标定得太高了？"转述，尤其是以提问的形式转述，能给对方提供一个反思、发展或审视自己想法的机会。转述可以帮助对话双方更客观地思考问题。

转述还能放慢对话的节奏，让人获得一种平静的感觉。一场艰难的对话不太可能变得轻松，但至少让你现在有机会更好地驾驭它。

从冲突到合作

合作意味着一起驾驭对话。要做到这一点，方法之一就是从"卫星视角"来观察谈话的主题。

你可以试着做一个"如何做"的练习。这个方法简单得近乎可笑：我们将问题定义为一个以"如何做"开头的短语。你可以邀请对方和你一起创建一个关于"如何做"的表述，来定义你们正在讨论的问题。你可以提供你自己的"如何做"的表述，并花一些时间生成新的、替代性的"如何做"的表述：定义问题的不同方式、关于问题的不同观点、问题的各个部分。用来生成更多"如何做"的表述的问题包括：

- 我们想要达到什么目的？
- 你想做什么？
- 如果我们能做到这件事，它还能解决什么问题？
- 为了做到这一点，我们需要做什么？

重要提示

写下"如何做"的表述，将有助于你进一步把问题具体化。便利贴很有用，你可以把每个"如何做"写在单独的便利贴上，然后把它们聚在一起。以这种方式将问题可视化，给了自己一个更好地通过合作来解决问题的机会。

"如何做"是第一阶段思考中一个有用的技巧（回头看一看第三章关于构建思维的部分）。我们在第三章探讨过四种对话，"如何做"作为第二种对话——可能性的对话的一部分尤其有效。

正如我们在第三章看到的那样，爱德华·德·波诺将冲突称为"对抗性思维"。他认为，对抗性思维主要有四种类型。

- 批判性思维：寻找想法的错误之处。
- 自我思维：将自己与自己的想法等同，这样一来，攻击想法就变成了人身攻击。
- 政治思维：通过想法建立同盟或摧毁联盟。
- 僵化思维：简化和减少复杂性，使想法无法发展或改变。

在艰难的对话中，你可能会察觉到存在一种或多种这样的想法。如果是这样的话，以下内容就有助于平息冲突，并增加合作的可能性。

- 要抵制批判性思维，可以问："这个想法有什么优势？"
- 要抵制自我思维，可以问："这种情况什么时候会出现？这种想法在什么情况下不适用？"
- 要抵制政治思维，可以问："这个想法的优、缺点分别是什么？"
- 要抵制僵化思维，可以问："如果……会怎样？""如果……发生了怎么办？""如果……没有发生呢？""如果你能解决这个问题呢？"

艰难的对话需要的不仅是善意，还需要清晰的思维、清晰的战略和清晰的战术。驾驭一场艰难的对话，并不意味着忽视对方的需求，但也不意味着要做出让步或退避三舍。在一场艰难的对话中，我们可能无法理解或影响对方的行为，这本身就是对话艰难的部分原因，但我们可以改变自己的行为。我们在本章探索的技巧将有助于我们通过自己的行动，让艰难的对话拥有改善的可能性。

这些技巧有一个共同点，那就是我们需要在使用它们之前进行练习。其中的大部分技巧，可以在轻松的对话中尝试使用。而我们一旦理解了这些技巧发挥作用的机制，就可以在任何一个对话进展艰难的时刻从容应对。

本章小结

- 艰难的对话有三个关键特征：不确定性的迷雾，尤其是在解读他人意图时；情绪激发；战斗心态。

- 拙劣的策略选择会让艰难的对话变得更加艰难：不确定性的迷雾鼓动我们将问题归咎于他人，并产生自我意图良好的错觉；情绪激发导致我们把问题过度简化，并寻求过度简化的解决方案——被迫做出非此即彼的决定，或笼统的判断；战斗心态激发出许多策略，包括阻挠策略。

- 我们只有尊重自己、尊重对方和尊重对话本身，才能更好地驾驭艰难的对话：尊重自己，意味着了解自己的需求，并努力满足它们；尊重他人，意味着记住他的需求，并知道他正在努力满足它们；尊重对话，意味着把它看作一道风景，大家一起航行。

- 我们可以采用一些技巧来打破艰难对话的恶性循环：我们可以通过假设建设性的意图、提出问题和使用推理阶梯，来清除不确定性的迷雾；我们可以通过调整呼吸和声音，以及在回应之前先复述对方的话，来降低情绪激发；我们可以通过使用"如何做"技巧，并小心应对四种形式的对抗性思维——批判性思维、自我思维、政治思维和僵化思维，来将战斗转变为合作。
- 艰难的对话需要的不仅是善意，还需要清晰的思维、清晰的战略和清晰的战术。在陷入艰难的对话之前，我们需要练习这些技巧。

| 附录 |

我们要去哪里

沟通永不停歇，我们也会一直学习如何改进。我在博客上分析了与本书内容有关的一些问题和事件。欲知详情，请见：bit.ly/1zgJBvo（存档地址：https://perma.cc/75TS-QEG9）。

以下是一些关于图书和其他资源的想法，以进一步深化本书中已经探讨的内容。

关于本书

你可以在这里找到经济学人智库的报告《现代职场中的沟通障碍》(*Communication Barriers in the Modern Workplace*)，网址：https://bit.ly/2OTJ2Vn（存档地址：https://perma.cc/WEH7-NEJM）。

互动咨询公司的报告请点击：https://bit.ly/2DhDrmF（存档地址：https://perma.cc/Y664-YQTN）。

美国研究生入学管理委员会（GMAC）2017年企业招聘人员调查可在以下网站查看：https://bit.ly/2Pwo5Au（存档地址：

https://perma.cc/N6PZ-SY26）。

第一章　究竟什么是沟通

在米克·安德伍德（Mick Underwood）非常棒（并屡获殊荣）的网站上，可以找到关于沟通的传输模型最完整的解释。网址：bit.ly/29CaP7Q（存档地址：https://perma.cc/W8AT-YNJ4）。

在本书中，我借鉴了乔·格里芬和伊万·泰里尔的作品。你可以通过访问人类吉文斯研究所的网站（hgi.org.uk，存档地址：https://perma.cc/XAP7-AXZH）来了解他们的作品。他们的著作《人类天赋》极好地介绍了这一知识和研究体系。

克里斯·戴斯对其提出的关于建立融洽关系的五个步骤的解释可见于以下网站：bit.ly/29xhu5U（存档地址：https://perma.cc/D7NJ-TA96）。

维基百科提供了关于保罗·瓦兹拉威克（Paul Watzlawick）的文章有用的信息和链接。

第二章　你了解自己的沟通风格吗

我的沟通风格模型借鉴了许多资料。我从经济学人智库2017年报告中的风格模型中借用了"功能性"一词。这个模型的搭建似乎是基于智力智商（Intelligence IQ）的创始人马克·墨菲（Mark Murphy）的成果，然而我认为，这份报告并没有承认他的成果。墨菲的模型与威尔森社交风格模型（Wilson Social Styles model）和洞察发现方法（the Insights Discovery method）非常相似，后两种方法我都曾在自己的咨询工作中使用过。你可以在网上找到这三种方法的相关信息。洞察（Insights）声称，发现（Discovery）的产品和迈尔斯-布里格斯档案（Myers-Briggs profile）类似，是一种人格评估工具，借鉴了卡尔·古斯塔夫·荣格（Carl Gustav Jung）的研究成果。我自己的模型并没有声明能展示任何关于个性的东西。

"推"和"拉"影响风格是情境影响理论的一部分，通常与大卫·贝洛（David Berlew）和罗杰·哈里森（Roger Harrison）的工作有关。

移情和系统化是西蒙·拜伦-科恩使用的概念，更多信息请参见他的著作《本质差异》（*The Essential Difference*）。

第三章　改善对话的七个方法

第一阶段思考和第二阶段思考借鉴了爱德华·德·波诺的成果，请参见《管理中的横向思维》（*Lateral Thinking in Management*）。四种类型的对话源自迈克尔·沃拉切克（Michael Wallacek）的研究，他可能受到了维尔纳·埃哈德（Werner Erhard）的影响。

克里斯·阿基里斯的推理阶梯最好参见彼得·圣吉（Peter

Senge）和其他人编辑的《第五项修炼》(*The Fifth Discipline Fieldbook*)。

关于思维导图的更多信息，请参见托尼·布赞（Tony Buzan）的《动动脑子》(*Use your Head*)。

第四章　询问的技巧

南希·克莱恩的《思考的时间》为我们呈现了关于深度倾听的出色研究内容。

第五章　说服的诀窍

亚里士多德在《修辞的艺术》(*The Art of Rhetoric*) 中解释了他的三种诉求模式。

卡洛琳·格莱德在她的《庄严》(*Gravitas*) 一书中提及了她对声音制作的想法。

杰伊·海因里希斯（Jay Heinrichs）在他的《说服的艺术》(*Thank You for Arguing*) 一书中谈到了说服的时态。

彼得·汤普森（Peter Thompson）在《说服亚里士多德》(*Persuading Aristotle*) 一书中将古典修辞与现代商业技巧进行了有趣的联结。

欲了解更多关于金字塔的知识，请参见芭芭拉·明托（Barbara Minto）的《金字塔原理》(*The Pyramid Principle*)。

第六章　故事及叙事技巧的运用

这篇文章是一个关于讲故事的很好的学术介绍，还包括一个拓展阅读的清单：Bietti, Lucas M, Tilston, O, Banderter, A（2018）*Storytelling as Adaptive Collective Sense-making*. Topics in cognitive science, Wiley Online Library. https://doi.org/10.1111/tops.12358（存档地址：https://perma.cc/ T8KW-3H3Z）。

罗宾·邓巴（Robin Dunbar）在他的论文中为讲故事的进化发展提供了一个有说服力的案例：Dunbar, R I M. 2014. *How conversations around campfires came to be*. Proceedings of the National Academy of Sciences. https://doi.org/10.1073/pnas.1416382111（存档地址：https://perma.cc/NGU6-VAZ7）。

他在《梳毛、八卦及语言的进化》（*Grooming, Gossip and the Evolution of Language*）一书中提出的观点也对我产生了很大影响。

兰迪·奥尔森（Randy Olson）在《科学需要讲故事》（*We Have a Narrative*）中将叙事应用于科学传播。他的很多想法非常适用于商业和企业讲故事，特别是对技术专家和研究人员而言。

第七章　从容应对公开演讲

门罗煽动序列的例子可以在这里找到：bit.ly/1ndUE4m（存档地址：https://perma.cc/F6Z8-CEQV）。

PRAISE 法主要借鉴了奇普·希思和丹·希思（Chip and Dan Heath）的《让创意更有黏性》（*Made to Stick*）一书中的内容。

延斯·凯尔德森（Jens Kjeldsen）在他的论文《PowerPoint 的修辞》（*The Rhetoric of PowerPoint*）中分析了关于幻灯片的使用：bit.ly/2O9vX7d（存档地址：https://perma.cc/M6N9-ZAHJ）。

麦克斯·阿特金森（Max Atkinson）的《借给我你的耳朵》（*Lend Me Your Ears*）为展示和演讲写作的主题引入了一种新颖的方法。

第八章　把灵感变成佳作

关于写作最好的一些实用建议来自芝加哥大学。我经常参考约瑟夫·M·威廉姆斯（Joseph M Williams）和约瑟夫·毕萨普（Joseph Bizup）的《风格》（*Style*）一书。我也是海伦·斯沃德（Helen Sword）的《作家的饮食》（*The Writer's Diet*）的粉丝。威廉·吉曼诺（William Germano）的《修订：唯一有价值的写作》（*Revision: The Only Writing That Counts*）是该出版社一系列杰出作品中最新的一本。

你可以在优兔（YouTube）上观看拉里·麦克纳尼（Larry McEnerney）的在线讲座：有效写作的技巧（*The Craft of Writing Effectively*）和学院之外的写作（*Writing Beyond the Academy*）。

乔·莫兰（Joe Moran）在《首先，你写一个句子》（*First You Write a Sentence*）一书中，就如何写好文章提供了极好的反馈。

玛丽安娜·沃尔夫（MaryAnne Wolf）在《普鲁斯特与乌贼》（*Proust and the Squid*）一书中探讨了阅读的科学性。

大卫·克里斯托（David Crystal）在《讲道理：英语语法的迷人故事》（*Making Sense: The Glamorous Story of English Grammar*）中出色地介绍了写作的一些技术细节。

艾伦·巴克的《职场写作》（*Writing at Work*）是一本关于撰写商业文件的全方位指南。

第九章　从话不投机到相谈甚欢

看一看保罗·麦克莱恩（Paul McLean）的三位一体大脑模型是否仍然有效：

bit.ly/1PaQK8G（存档地址：https://perma.cc/6ABL-NB74）；

bit.ly/1PB8vID（存档地址：https://perma.cc/SVL3-FFJU）。

更多关于边缘系统的信息请点击：bit.ly/29HkLz9（存档地址：https://perma.cc/955K-6XF6）。

探索我们作为人类的需求：bit.ly/29xg4mm（存档地址：https://perma.cc/WC92-8Q62）。

你可以在这里进行在线情感需求审核：bit.ly/29xg1at（存档地址：https://perma.cc/M35K-NUFG）。